Prague et les châteaux de Bohême

Directeur artistique et technique
Ahmed-Chaouki Rafif
Coordination éditoriale et iconographique
Marie-Pierre Kerbrat
Cartographie
Yves Korbendau

www.acr-edition.com
ISBN 2-86770-172-4
N° d'éditeur 1173
Dépôt légal : premier trimestre 2005

Imprimé en France par Mame à Tours

Philippe Bénet Renata Holzbachová

Prague
et les
châteaux de Bohême

ACR Édition

Peu étendue (un peu moins du septième de la France) et peu peuplée (une dizaine de millions d'habitants), la République tchèque, qui a intégré l'union européenne le 1er mai 2004, est le pays d'Europe qui compte le plus grand nombre de châteaux par habitant avec plus de 2 500 châteaux de toutes les époques et de tous les styles. On ne sera pas déçu de quitter son envoûtante capitale Prague pour explorer ses deux régions, la Bohême et la Moravie. Adulée pour ses villes thermales, Karlovy Vary et Mariánské Lázně, la Bohême s'apprivoise à travers d'épaisses forêts et des routes tranquilles. Plus à l'est, centrée autour de sa capitale Brno, la Moravie cultive sa différence par son folklore, ses vignobles et ses coutumes vivaces. Parmi les sites classés par l'Unesco, outre les quartiers anciens de Prague, les auteurs ont particulièrement aimé le centre historique et le château de Český Krumlov (Bohême du Sud), le château Renaissance de Litomyšl (Bohême de l'Est), le château archiépiscopal de Kroměříž (Moravie), le centre historique et le château de Telč (Moravie), ainsi que le domaine et les châteaux de Lednice et Valtice (Moravie).

Si les nuances de la langue tchèque vous échappent, voici quelques conseils sur la prononciation pour vous aider à demander votre chemin : á =a long ; í et ý = i long ; ú et ů= ou long ; u = ou ; ě = ié ; c = ts ; č = tch ; š = ch ; ž = je ; ř = rch ; j = iè.

Sommaire

Pub Garden

Fêtes somptueuses dans les palais de Malá Strana

Portrait de Mozart par Barbara Krafft. (1819).
Malmené, incompris par la cour de Vienne, siège du pouvoir impérial, Mozart chérissait Prague. « Mes Praguois me comprennent » avouait-il. Ce portrait posthume de Mozart, exécuté par Barbara Krafft en 1819, était selon l'avis de Nannerl, la sœur du compositeur, le plus ressemblant. Plusieurs documents tendent à prouver que Casanova participa à l'élaboration de *Don Giovanni*.

Fourbu, Casanova arriva à Prague en fin d'après-midi. Le cocher fit son entrée dans la cour d'honneur du palais Pachta, un peu en contrebas du pont Charles, côté Vieille Ville. Deux valets en livrée vinrent extraire la malle du visiteur et accompagnèrent celui-ci dans les appartements préparés en son intention. Tout était musique et danse au palais. Dans la cour intérieure, la troupe de Pasquale Bondini jouait des airs à la mode et quelques élégantes dansaient le menuet. La vraie vie était là. Casanova alla saluer le comte et but quelques verres de vin morave en bonne compagnie. Le lendemain, il traversa le pont Charles pour rendre visite à ses fidèles amis, les comtes de Thun. Dans les venelles de Malá Strana et dans la Vieille Ville, des affiches annonçaient le nouvel opéra de Mozart. Plus que Vienne, siège du pouvoir impérial et d'une cour trop pédante, Casanova avait fini par chérir Prague. Son allure provinciale et tranquille convenait mieux aux hommes écorchés par la vie, comme lui ou Mozart. En ces jours, le compositeur salzbourgeois avait rendez-vous avec la gloire avec son *Don Giovanni*. « Mes Praguois me comprennent », aimait-il à répéter. Deux ans plus tôt, ces mêmes Praguois avaient acclamé *Les Noces de Figaro* saluées par des tonnerres d'applaudissements.

Mozart peaufine son nouvel opéra *Don Giovanni*

Mozart et son épouse Constance étaient à Prague depuis septembre. Ils avaient d'abord logé à l'hôtel « Aux Trois Lions » situé presque en face du théâtre Nostitz, alors que le librettiste Lorenzo Da Ponte avait pris une chambre à l'hôtel Plattensee tellement proche qu'ils pouvaient converser de fenêtre à fenêtre. Il restait à achever la partition et le livret, rédiger l'Ouverture et diriger les répétitions. Le temps pressait. La première était prévue pour le 29 octobre. Alors que Da Ponte était rappelé d'urgence à Vienne par l'empereur Joseph II, la cantatrice Josefína Dušková et son mari compositeur avaient invité Mozart et Constance à venir habiter dans leur riante villa Bertramka pour que le compositeur puisse terminer l'œuvre dans des conditions plus favorables. Bertramka était devenu le quartier général d'une Bohême littéraire et artistique qui s'ébattait au milieu d'acteurs et de musiciens. Plus adulé que jamais, Mozart profitait du simple bonheur de la reconnaissance que lui refusaient les Viennois. Casanova l'avait rejoint à Bertramka. Entre le sexagénaire Vénitien et le compositeur alors âgé de 31 ans, les liens étaient tenaces. Da Ponte à Vienne, Casanova travailla sur le rôle de Leporello, le valet de Don Giovanni. D'humeur

ludique et vagabonde, Mozart préférait souvent le jeu de quilles, au jardin, à la partition. À tel point que la veille de la première représentation de son opéra, les femmes de la maison l'avaient enfermé dans sa chambre pour qu'il parachève l'Ouverture.

La première de *Don Giovanni*

Le 29 octobre 1787, vers 7 heures, la partition enfin conclue fut portée aux copistes qui se mirent au labeur. Dès 17 h 30, les équipages venaient se ranger devant le théâtre Nostitz. Il y avait une telle affluence que les élégantes étaient obligées de quitter leur voiture et de rejoindre le théâtre à pied. La nervosité remplissait la salle, les musiciens avaient reçu leur partition quelques minutes seulement avant le premier coup de baguette. À peine le temps de répéter. Mais la magie était bien au rendez-vous. Mozart apparut et s'abandonna à son génie. Le public exultait. Assis dans les premiers rangs, Casanova savourait la victoire. Profondément heureux, Mozart écrivit à un proche que « son opéra *Don Juan* eut un succès prodigieux. Entre

Mozart et Constance arrivent à Prague en septembre 1787. La première du nouvel opéra *Don Giovanni* est prévue pour octobre. Mais il reste à terminer la partition et rédiger l'Ouverture. Le couple descend d'abord à l'hôtel « Aux Trois Lions », presque en face du théâtre Nostitz. Puis, la cantatrice Josefína Dušková et son mari compositeur les invitent dans leur demeure, la villa Bertramka. Mozart y achèvera son Ouverture. La villa Bertramka abrite un musée consacré à Mozart et des concerts y sont donnés en été.

Inauguré le 21 avril 1783, le premier théâtre permanent praguois portera d'abord le nom de son fondateur, le comte Nostitz. Financé par l'assemblée des États de Bohême, il deviendra Théâtre des États en 1799. Mais son histoire reste liée à la première de *Don Giovanni,* le 29 octobre 1787.

nous, je souhaiterais à mes chers amis d'être ici un seul soir pour partager ma joie. Mon opéra sera-t-il monté aussi à Vienne ? Je le voudrais de tout mon cœur. Ici, on me presse de rester encore quelques mois et de composer un autre opéra ». Encensé comme jamais, Mozart dirigea encore trois représentations à Prague et mit en musique deux chansons à Bertramka pour remercier ses hôtes. Puis ce fut l'éternel retour à Vienne. Il s'accordera encore quelques interludes à Prague en mai et juin 1789.

Il y croisera Casanova qui s'était attelé à l'écriture de ses mémoires intitulées *Histoire de ma vie* au château de Duchcov. Son mécène Wallenstein s'était mystérieusement éclipsé pendant de longs mois pour aller comploter à Paris. On saura bien plus tard qu'il avait monté un projet d'évasion du roi de France Louis XVI et de la famille royale, grâce à des chevaux acheminés depuis le château de Duchcov en France. On connaît la suite. Pendant cette échappée, Casanova, qui endurait les pires moqueries des serviteurs du château, s'était abandonné à la plume. « Écrire mes mémoires a été le seul remède que j'ai cru pouvoir employer pour ne pas devenir fou ou mourir de chagrin au milieu des désagréments et des tracasseries que me font éprouver et que me suscitent chaque jour les envieux coquins qui se trouvent avec moi au château de Duchcov. »

Mozart fait de nouveau étape à Prague en 1791, l'année de sa mort, à l'âge de 35 ans. Un nouvel opéra lui a été commandé à l'occasion du couronnement de l'empereur Leopold de Habsbourg comme roi de Bohême. Le compositeur retrouva l'ambiance ouatée de la villa Bertramka au milieu de ses amis parmi lesquels figurait Casanova. Mozart avait déjà travaillé sur son *Requiem* et composa en un temps record *La Clémence de Tito* qui fut joué au théâtre Nostitz. Hélas ! les Praguois n'y furent pas conviés. Seulement l'empereur, l'impératrice et la cour de Vienne accourue pour l'occasion, plus pédante que jamais. Le sort de l'opéra avait été scellé. Tout comme celui de Mozart. Quelques jours après sa mort, son *Requiem* retentit dans l'église Saint-Nicolas de Malá Strana, remplie de Praguois d'une infinie tristesse. Les putti poudrés en restèrent sans voix.

Assister à un opéra de Mozart dans le Théâtre des États, où le compositeur dirigea la première de *Don Giovanni* en 1787, comblera les amateurs d'authenticité.

Vestiges d'une rencontre

Bien qu'aucune preuve formelle ne puisse établir la rencontre (ici, romancée) entre Mozart et Casanova à Prague, plusieurs documents affirment que Casanova a bien participé à l'écriture de *Don Giovanni*. Les deux hommes se fréquentaient et on imagine mal comment Mozart n'aurait pas fait appel au vécu de Casanova pour son opéra.

De nos jours, la Bohême est nourrie du souvenir des lieux où furent écrits leurs destins entremêlés. Dans le théâtre Nostitz qui a pris le nom de Théâtre des États, les opéras mozartiens remportent toujours un franc succès ; le palais Pachta s'est métamorphosé en hôtel résidence ultra chic ; la villa Bertramka abrite un musée ; le palais des comtes de Thun est le siège de l'ambassade de Grande-Bretagne. Quant au château de Duchcov, il accueille les visiteurs qui osent s'aventurer en Bohême du Nord. Un modeste musée a même été installé dans la chambre où Jacques Seingalt de Casanova, alias de Santa Crux, alias comte de Farussi, rendit son dernier soupir, le 4 juin 1798, en s'exclamant : « Grand Dieu, et vous témoins de ma mort, j'ai vécu en philosophe, et je meurs en chrétien. » Étrange destinée : sous les communistes, les appartements où vécut le plus grand séducteur de tous les temps abritèrent une école de maintien pour jeunes filles de bonne famille.

Prague, capitale de la musique, est une escale de choix pour les chœurs les plus prestigieux. Sous la baguette de François Polgár, les Petits Chanteurs de Sainte-Croix de Neuilly en concert exceptionnel à l'église Saint-Gilles (page 18) et, ci-dessus, sous la direction de Nicolas Porte, les Petits Chanteurs de Saint-Marc de Lyon, héros du film *Les Choristes*, accompagnant la messe dominicale à la cathédrale Notre-Dame de Týn.

Visite guidée

Les premiers flocons d'hiver ou les brumes automnales collent à la nostalgie des paysages praguois. Rehaussé par la cathédrale Saint-Guy, le Château est omniprésent, adossé au quartier baroque de Malá Strana. Tout comme le pont Charles, peuplé de saints, semblant tenir d'étranges conciliabules. Un vrai musée en plein air (page 21).

La glorieuse destinée de Prague commence par une histoire glamour du Moyen Âge. Celle d'un jeune prince élevé à la cour de France au XIVe siècle, prénommé Charles, qui s'éprend d'une proche parente du roi de France, Blanche de Valois. Ils sont jeunes et ils s'aiment. Que leur manque-t-il ? La puissance et la gloire. Le destin veille. Charles hérite du royaume de Bohême truffé de châteaux et engoncé dans d'épaisses forêts. Les deux tourtereaux installent leur cour à Prague, capitale du royaume qu'ils se mettent à chérir. Mais pour Charles, le modèle demeure Paris. Au côté de son oncle roi de France, ne s'est-il pas recueilli dans la cathédrale Notre-Dame et à la basilique Saint-Denis ? Il fait entamer à Prague la construction d'une cathédrale baptisée Saint-Guy. Il fait aussi ouvrir une université à l'image de la Sorbonne où il avait été jadis « escolier ». Il fait également embellir la cité à coup de vastes places et de palais, fonde une Nouvelle Ville d'une folle modernité. Il fait planter dans les environs des vignes dont les cépages viennent directement de la Bourgogne. Il ordonne enfin à ses maîtres architectes de jeter un pont de pierre long de 500 m pour relier les deux rives du fleuve, la Vltava. Qui n'a cessé depuis de couler sous le pont, comme le temps…

Au printemps, depuis la colline de Petřín parsemée d'arbres fruitiers en fleurs, l'œil du visiteur ou du peintre embrasse les clochers et les toits rouges de Malá Strana. De l'autre côté de la Vltava et du pont Charles (page 23), la promenade balisée dans la Vieille Ville est captivante à plus d'un titre…

Le pont Charles, une galerie d'art en plein air

De nos jours, la promenade sur le pont Charles, au milieu des statues baroques prenant la pose, est devenue la flânerie la plus romantique de toute l'Europe. On y musarde, on s'y retrouve, on y revient, on passe et on repasse, on y découvre le Moyen Âge ou soi-même. Chaque jour, les petits marchands et leurs étals se l'apprivoisent, suivis des marionnettistes, acteurs en tous genres, joueurs de flûte et orchestres de jazz. Quelle ambiance festive !

Quand le soleil est de la partie, le pont Charles commande une vue d'un romantisme absolu, qui rend la ville tellement chère aux amoureux. Rive gauche, dans les hauteurs, vraie ville dans la ville avec places, cours, rues, musées, galeries de peintures, palais et jardins, le Château submerge le regard. Mais il s'égaie aussi de la gracieuse envolée des flèches de la cathédrale dont la dentelle de pierre festonne les bords du ciel, dressant au-dessus de la ville l'apothéose de l'art gothique.

Malá Strana et la Vieille Ville

Tassé à ses pieds, l'adorable quartier de Malá Strana, le Petit Côté, prend des allures de conte de fées avec ses palais baroques édifiés aux XVIIe et XVIIIe siècles, les palais Wallenstein, Turba, Nosticz, Buquoy (aujourd'hui siège de l'ambassade de France) et les autres, embellis de somptueux jardins à terrasse à l'italienne.

Si le roi avait son château et les aristocrates leurs palais, les bourgeois étaient fiers, quant à eux, de posséder leur hôtel de ville qui trône, rive droite, au cœur de la Vieille Ville. On s'y presse encore aujourd'hui sous son beffroi pour voir et entendre sonner l'horloge astrono-

mique au précieux mécanisme. Sur la grande place, alignées comme à la parade, les maisons à pignons de tous les styles gothiques, Renaissance et baroques, font naître un vrai décor de théâtre. On part explorer l'ancien quartier juif rasé aux alentours de 1900. De nos jours, s'y pavanent des immeubles élancés aux façades Art Nouveau, sublimes. Car à Prague tous les styles se côtoient avec harmonie. Même si la Vieille Ville a conservé son tracé médiéval avec ses ruelles tailladées par le soleil et ses églises baroquisées, remplies d'anges poudrés : Saint-Gilles, Saint-Jacques, Saint-François-Séraphin.

Chaque soir, des concerts s'y déroulent. Avec Prague, la musique a sa capitale. Mozart y fut heureux. C'est au Théâtre des États qu'il reçut une formidable ovation en donnant la première de *Don Giovanni*, en 1787. « Mes Praguois me comprennent », confiait-t-il. Et comment sont-ils ces Praguois d'aujourd'hui ? Toujours un peu mystérieux, tout comme leur ville. On peut les trouver le matin dans une taverne enfumée, en train de boire la sacro-sainte bière, et endimanchés le soir, à l'opéra. Et chaque année, du 12 mai au 3 juin, les mélomanes avertis se donnent rendez-vous au festival de musique « le Printemps de Prague ». Car, comme l'affirme le dicton, « chaque Tchèque naît avec un violon sous l'oreiller ».

Égayés par les statues de Mathias Bernard Braun, l'incomparable sculpteur baroque de la Bohême, les jardins Vrtba constituent une formidable parenthèse de silence dans le quartier de Malá Strana dominé par la cathédrale Saint-Guy, qui semble toiser le dôme et le clocher de l'église Saint-Nicolas.

Fait de palais baroques et d'églises remplies d'angelots poudrés, Malá Strana se pare de mille toits rouges ourlés, de clochetons et de clochers parmi lesquels ceux des églises Saint-Joseph et Saint-Thomas.

Double page suivante :
Dégageant une forte impression de puissance et de légèreté, d'harmonie et de robustesse, de noblesse et de majesté, le Château de Prague est une vraie ville dans la ville avec des places et des rues, des palais et des jardins, des églises et des tours (page 27). Le Château (Hrad), auquel on accède par une première cour d'honneur gardée par des statues de géants (page 26), demeure le centre spirituel et politique de la nation tchèque.

UNE HISTOIRE MAGIQUE

« L'aspect de la ville a quelque chose de féerique » confiait Roger Viollet-le-Duc émérite restaurateur des cathédrales gothiques françaises. « Prague est une ville du Moyen Âge, belle, bien percée, couverte d'édifices énormes, à cheval sur une grande rivière et couronnée par une acropole qui conserve l'aspect d'une vaste citadelle gothique, avec son enceinte de murs suivant les sinuosités de la colline qui lui sert d'assiette. »

Les quartiers du vieux Prague semblent le plus souvent miraculeusement figés dans le temps, comme en témoignent les gravures glanées chez les bouquinistes. Depuis la colline de Petřín (page 28, gravure du XIXe siècle), la Vieille Ville, rive droite, n'en finit pas de pointer clochers, tours et châteaux d'eau.
Parfois, la folie des hommes a endeuillé la pierre. Place de la Vieille Ville, reconnaissable à son haut beffroi orné de la célèbre horloge astronomique, l'Hôtel de Ville a été amputé de son aile est, en 1945, lors d'un bombardement (sur la gravure, on peut voir le bâtiment qui n'existe plus, jouxtant le beffroi).

Vestiges romans et gothiques

À Prague, les styles ont appris à escalader les façades avec grande élégance. Dans l'enceinte du Château, les vestiges romans du XIIe siècle occupent l'ancienne salle des Princes Premyslides qui supporte le palais gothique. La basilique Saint-Georges a accusé des aménagements de la même époque. Les plus captivantes entrailles gothiques se cachent, quant à elles, au cœur de la Vieille Ville, dans les caves voûtées des maisons patriciennes dont on releva le niveau au XIIIe siècle, en raison des crues répétées et dévastatrices du fleuve. Le même style habille les bases de la place de la Vieille Ville, son Hôtel de Ville, la cathédrale Notre-Dame de Týn et l'ancienne ville juive. La Prague gothique est encore de nos jours traversée par l'ancienne voie royale empruntée solennellement par les rois lors de leur couronnement. Depuis la colline de Vyšehrad, le cortège accédait à la Vieille Ville par la tour Poudrière, puis empruntait la rue Celetná, paradait sur la place de la Vieille Ville et la Petite Place, enfilait ensuite la rue Karlova, traversait le pont Charles et gagnait la rue Nerudova pour aboutir au Château.

Bordée de palais et de maisons de tous les styles, la place de la Vieille Ville (page 29) est un vrai décor de théâtre dominé par les clochers de la cathédrale Notre-Dame de Týn et le beffroi de l'Hôtel de Ville qui affiche fièrement ses prétentions : « Praga Caput Regni » (Prague, capitale du Royaume) (page 31). Sur le parvis, l'horloge astronomique cristallise l'attention des visiteurs.

PRAGA·CAPVT·REGNI
QVI DEDIT
AEC VETERI TVRRITA
NSIGNIA PRAGAE
NA VENTVRAE SORTIS-
CA DEDIT MOLE SVA VT
SAE TRANSCENDVNT
MOENIA TVRRES
C FAMAM SVPERAS
LITA PRAGA TVAM
CXIV Martinus Cuthen
OMNIA TVRRIGERAE
CONCEDVNT OPPIDA PRAGAE
NATVRA HIC POSVIT
QVIDQVID IN ORBE FVIT
HIC GENVS ACRE VIRVM
BONVS AER VNDA SALVBRIS
AD VITEM ET FRVGES
INGENIOSVS AGER
HIC CAESAR PROCERESQVE
THEMISQVE NOVEMQVE SORORES
HIC ALIIS SPRETIS ORBIS
IN VRBE SVA EST
Julius Scaliger

ORTVS
AVRORA

Élevé à Paris, auprès de son oncle le roi de France, Charles IV est le fils du roi de Bohême Jean de Luxembourg et de la princesse Eliška, de la dynastie des Premyslides. Érudit, mécène, il deviendra empereur du vaste Saint-Empire romain germanique et roi de Bohême, faisant de Prague l'une des cités les plus modernes qui soient au XIVe siècle.

Charles IV, un roi de Bohême visionnaire

Incontestablement, celui qui a su le mieux nourrir la ville de parures gothiques demeure le roi de Bohême, Charles IV. Lors d'un sondage en 2004, qui concernait le personnage ayant le plus compté dans leur Histoire, la majorité des Tchèques interrogés s'était prononcée en faveur de ce roi de Bohême qui régna au XIVe siècle. Celui qui commanda la construction du pont Charles et de la cathédrale Saint-Guy, la modernisation de la ville, la création de l'Université, avait aussi été élu empereur du Saint-Empire romain germanique, un empire qui couvrait une bonne partie de l'Europe, englobant tout l'est de la France.

Histoire du Saint-Empire romain germanique

L'ancien Empire romain avait succombé aux invasions barbares du Ve siècle. Converti au catholicisme, le chef des Francs, Charlemagne, s'était imposé et fait couronner empereur romain d'Occident, le jour de Noël de l'an 800. Son empire avait été ensuite scindé en partie franque (majorité de la future France) et en Lotharingie germanique (future Allemagne). Influencée par le pouvoir de quelques grandes abbayes, la partie germanique allait être dirigée par la dynastie des Ottons. Ces derniers dessinèrent un nouvel empire tourné vers l'est, qui prit le nom de Saint-Empire romain germanique. Ce dernier phagocyta pour plusieurs siècles, non seulement tout l'est de la France (l'Alsace, la Lorraine, la Franche-Comté, la Bourgogne, la Savoie et la Provence), mais aussi les territoires situés à l'est, comme ceux de la Bohême et de la Moravie.

Otton Ier (936-973), Otton II (973-983) et surtout Otton III (983-1002) dont la devise « Résurrection de l'Empire romain » était gravée sur ses sceaux, consolidèrent l'expansion de la foi chrétienne. Ils tâchèrent de convertir par la force Slaves, Polonais et Tchèques. Pour leur résister, Rostislav, prince de la Grande Moravie qui rassemblait au IXe siècle les territoires de la Bohême et de la Moravie, fit appel à l'empereur de Byzance pour lui envoyer les missionnaires chrétiens afin de créer un diocèse propre à la Moravie.

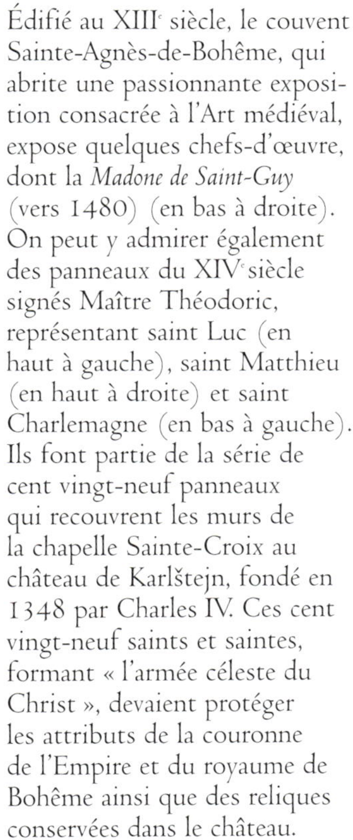
Édifié au XIIIe siècle, le couvent Sainte-Agnès-de-Bohême, qui abrite une passionnante exposition consacrée à l'Art médiéval, expose quelques chefs-d'œuvre, dont la *Madone de Saint-Guy* (vers 1480) (en bas à droite). On peut y admirer également des panneaux du XIVe siècle signés Maître Théodoric, représentant saint Luc (en haut à gauche), saint Matthieu (en haut à droite) et saint Charlemagne (en bas à gauche). Ils font partie de la série de cent vingt-neuf panneaux qui recouvrent les murs de la chapelle Sainte-Croix au château de Karlštejn, fondé en 1348 par Charles IV. Ces cent vingt-neuf saints et saintes, formant « l'armée céleste du Christ », devaient protéger les attributs de la couronne de l'Empire et du royaume de Bohême ainsi que des reliques conservées dans le château.

Charles IV à la cour de France

Celui qui deviendra Charles IV, roi de Bohême et souverain du Saint-Empire romain germanique, est né à Prague le 14 mai 1316. Il se prénomme Venceslas. Son père Jean de Luxembourg est roi de Bohême depuis son mariage arrangé à 14 ans avec la princesse Eliška, dernière reine de Bohême, de la lignée des Premyslides. Élu empereur du Saint-Empire romain germanique, Jean de Luxembourg est aussi très proche de la France, ayant été lui-même élevé à la cour du roi Philippe le Bel. Sa sœur Marie de Luxembourg a d'ailleurs épousé le roi de France, Charles IV dit le Bel, dernier des Capétiens directs.

En 1323, le petit Venceslas est envoyé à Paris pour recevoir une éducation digne d'un prince. Le voyage dure dix jours. Le lendemain de son septième anniversaire, on le marie à Blanche de Valois, parente du roi de France qui est son oncle et parrain. Qui le prend sous son aile protectrice

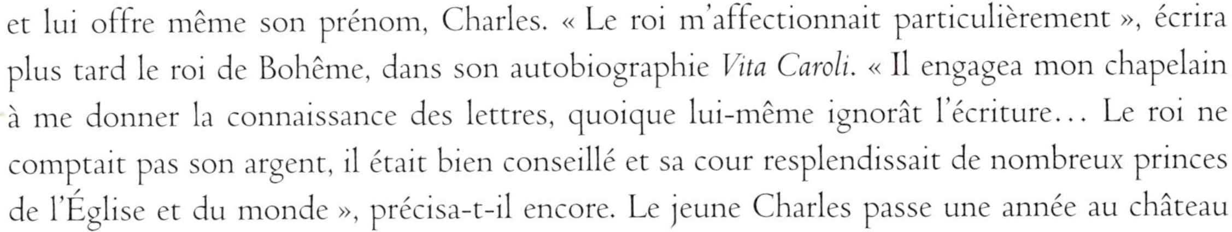

et lui offre même son prénom, Charles. « Le roi m'affectionnait particulièrement », écrira plus tard le roi de Bohême, dans son autobiographie *Vita Caroli*. « Il engagea mon chapelain à me donner la connaissance des lettres, quoique lui-même ignorât l'écriture… Le roi ne comptait pas son argent, il était bien conseillé et sa cour resplendissait de nombreux princes de l'Église et du monde », précisa-t-il encore. Le jeune Charles passe une année au château royal de Saint-Germain. Son précepteur, Jean de Viviers, docteur en théologie et maître de chapelle, lui enseigne l'écriture, la lecture, le calcul, le latin, le français ainsi que la théologie. L'élève est appliqué.

À pied ou en barque sur la Vltava, au hasard de la flânerie, un paysage nouveau vous est offert, tableau sans cesse recomposé d'un passé heureusement préservé.

Il vient ensuite à Paris rejoindre le roi et la cour de France au palais royal. Intégrant en 1328 la prestigieuse Sorbonne, le futur roi de Bohême suit les cours de théologie, philosophie et politique. Bien plus tard, il avouera qu'il y apprit à réfléchir, rédiger les lois et les écrire. C'est aussi à Paris qu'il prend goût aux arts et aux beaux livres, commençant à collectionner les minéraux et les antiquités. C'est aussi à Paris que Charles s'imprègnera d'un esprit moderne qui prévaut depuis le XIIIe siècle. C'est le temps de l'Europe des villes et des marchands, l'Europe des cathédrales vouées à la spiritualité de la lumière et aux vitraux colorés, l'Europe gourmande où l'on commence à s'évertuer à utiliser la fourchette. C'est l'Europe courtoise où l'homme jubile à séduire la femme, l'Europe des beaux sentiments avec la *Chanson de Roland* qui prône courage et modestie. C'est aussi l'Europe des peurs, de la famine, de la guerre et des épidémies. La peste va rôder pendant longtemps en Europe, tuant le tiers de ses habitants.

Charles IV de retour à Prague

Appelé par son père pour défendre l'Empire, Charles quitte la France en 1329 pour l'Italie du Nord, laissant pour un temps sa jeune épouse Blanche de Valois. Accompagné d'une poignée d'aristocrates, il atteint Prague en octobre 1333. Il a 17 ans. En chemin, il s'est arrêté au monastère de Zbraslav où est enterrée sa mère Eliška. Son père Jean de Luxembourg n'est guère aimé en Bohême, il est même considéré comme un étranger, passant son temps à guerroyer hors du territoire. Il voit d'ailleurs en son fils et futur successeur un vrai rival. Comme le château est en mauvais état après l'incendie qui l'a ravagé en 1303, Charles est contraint de loger modestement au cœur de la Vieille Ville, dans une maison qui appartenait à sa mère.

Craint par son père, il n'a aucun pouvoir et pas d'argent. Il sait lire et parler l'allemand, le latin, le français et l'italien. Mais il a oublié sa langue maternelle. Désireux de s'intégrer, il réapprend vite le tchèque et, l'année suivante, il devient margrave (sorte de gouverneur) de Moravie, tenant même les rênes du pays en l'absence de son père.

À Noël, l'attendrissement est au rendez-vous avec les petits marchés se serrant les coudes sur la place de la Vieille Ville, mêlés aux crèches et aux sapins. Dans des odeurs de vin chaud et de cannelle, on croise des escouades de gamins grimés en saint Nicolas et des carpes frétillantes dans les bassins. Plus que jamais Prague peut alors se targuer d'être une ville dorée.

Belle et classique, Prague, qui joue à cache-cache entre les deux rives de la Vltava reliées par onze ponts, offre aux visiteurs les charmes envoûtants d'une ville hors du temps.

La Bohême au XIVe siècle

Les territoires de la couronne tchèque étaient alors bien pauvres, après le grand essor qu'ils avaient connu au XIIIe siècle, sous le règne de Přemysl-Ottokar (1253-1278). Ce grand roi avait annexé au royaume de Bohême l'Autriche, la Styrie et la Carinthie. Avec Charles IV qui tirera richesse des mines d'argent de Kutná Hora, le pays va se couvrir d'un réseau serré de villes prospères. Fidèles au premier style gothique bourguignon des Cisterciens, de nombreux monastères pointent déjà leur clocher dans les campagnes. Si Charles IV avait connu à Paris le modèle d'un pouvoir centralisé, tel n'était pas le cas de cette Bohême aux puissants fiefs protégés par les forêts.

La noblesse n'était guère docile. Profitant d'une période de paix extérieure, Charles IV gouverna en fin stratège, appliquant à la lettre les principes exposés dans l'une de ses lettres à Pétrarque : « En politique comme en médecine, on doit tout essayer avant d'avoir recours au fer. » Il saura amadouer la noblesse et se faire aimer des Praguois. Il rétablira les finances du royaume bien appauvri par la gestion de son père. Comme il avait voyagé pour affirmer son image politique, non seulement dans son pays pour le connaître mais aussi à l'étranger, Charles IV sera, avant l'heure, un Européen convaincu.

Blanche de Valois arrive à Prague

Pour recevoir dignement son épouse française, Charles fit élever dans l'enceinte du Château un palais dont l'architecture s'inspira de celle qu'il avait approchée au Louvre. Les chroniques racontent l'arrivée fastueuse de Blanche, le 12 juin 1334, accompagnée de courtisans français qui apportaient dans leurs malles des tissus d'une rare beauté. Mais bientôt tous ces seigneurs parlant français inquiétèrent la noblesse tchèque qui craignait que Charles ne s'entoura d'étrangers pour gouverner, comme son père le fit autrefois. Les seigneurs français durent rebrousser chemin sous l'assaut des critiques. Celle de Beneš Krabice de Weitmile n'est pas la moindre. « Tels des singes… ils se confectionnaient des vêtements honteux, courts et recoupés, de sorte que l'on apercevait bien souvent leurs cuisses et leur postérieur, et si étriqués qu'ils pouvaient à peine respirer. Ils ceignaient leur poitrine de plastrons rembourrés avec de la soie, si imposants qu'ils semblaient avoir des seins de femme. Ces hommes étaient à ce point sanglés autour du ventre qu'ils s'apparentaient aux chiens de chasse que l'on nomme lévriers. Ils s'enserraient le postérieur de tant de cordons qu'ils ne pouvaient marcher qu'à pas lents et à grand peine… De même, ils portaient des souliers pointus prolongés par de si longs becs qu'il leur était difficile de mettre un pied devant l'autre. Et la terre de Bohême fut souillée par ces inventions et habitudes mauvaises. »

L'élégance de la capitale tchèque continue de séduire, de jour comme de nuit quand les réverbères allumés tressent des guirlandes de nostalgie.

Le château royal de Karlštejn n'est pas peu fier de posséder de précieuses peintures murales (avant 1357) montrant le roi de Bohême Charles IV recevant des reliques des mains du futur roi de France Charles V (à gauche) et les déposant dans un reliquaire doré (à droite).

Comme Charles, Blanche montra de formidables capacités d'adaptation, apprenant l'allemand et le tchèque, suivant la mode et les coutumes locales. Les Praguois adoptèrent vite le futur couple royal qui eut une première fille prénommée Markéta, née le 24 mai 1335. Hélas ! Blanche, la petite Française, perdit la vie le 1er août 1348, sans qu'on puisse établir avec précision les raisons de sa mort. Charles se remariera trois fois.

La cathédrale Saint-Guy

De son passage à Paris, Charles IV gardait en mémoire les dentelles de pierre de la basilique Saint-Denis, où étaient enterrés les rois de France, et la Sainte-Chapelle où il assistait aux offices au côté du roi de France. Prague devait s'enorgueillir aussi d'une vraie cathédrale. Il choisit comme maître d'œuvre l'architecte Matthieu d'Arras qu'il avait rencontré en Avignon. En 1344, une bulle papale éleva Prague au rang d'archevêché. Ce jour-là, Jean de Luxembourg, ses fils Charles et Jean-Henri, entourant le nouvel archevêque, célébrèrent la pose de la première pierre de la cathédrale. Matthieu d'Arras se mit au travail, il signa le chœur polygonal avec les cinq chapelles rayonnantes et le déambulatoire, deux chapelles sud et quelques piliers orientaux du chœur. À la mort de l'architecte français en 1352, Peter Parler, originaire de Cologne, prit le relais, terminant le chœur, élevant la chapelle Venceslas et le portail sud. La grande nef et la façade ouest seront des rajouts du XIXe siècle.

Roi de Bohême et empereur de Rome

C'est Charles IV (1316-1378) qui demanda à Matthieu d'Arras de concevoir dans l'enceinte du Château une cathédrale gothique, dont la première pierre fut posée en 1344 (chevet, en page 41) et dont la voûte de la grande nef ne sera achevée qu'en 1903.

De son temps, Charles IV deviendra l'un des personnages les plus puissants de l'Europe. Il est d'abord couronné à Bonn roi des Romains en 1346, la même année où son père meurt en combattant aux côtés des Français à la bataille de Crécy. L'année suivante, il devient roi de Bohême à Prague. En 1355, il est couronné à Milan roi des Lombards et, à Rome, empereur du Saint-Empire. En 1365, il reçoit enfin la couronne du royaume d'Arles. L'importance internationale de Prague grandit encore quand furent déposés les joyaux de la couronne du Saint-Empire romain germanique dans le château de Karlštejn. De plus, une bulle d'Or de 1356 garantissait l'autonomie du royaume de Bohême.

Dans la cathédrale Saint-Guy, on décrypte les influences multiples de l'Histoire des pays de Bohême. Le mausolée royal, ci-dessus, qui porte les gisants de Ferdinand Ier, d'Anne Jagellon et de Maximilien II, était destiné à honorer la famille des Habsbourg. Mais l'endroit le plus sacré de l'édifice est la chapelle Saint-Venceslas (page 43), bâtie au XIVe siècle à l'emplacement où le saint avait été inhumé. Sertis de 1 345 pierres fines, les murs portent de précieuses fresques rappelant la vie du prince Venceslas. La chapelle communique par un escalier avec la chambre du trésor où sont conservés les joyaux de la couronne de Bohême.

Si l'âge d'or de Prague se situe à la fin du Moyen Âge sous le règne de Charles IV, l'influence de la Renaissance italienne laissa une forte empreinte dans l'ordonnancement des palais de Malá Strana et du Château. Pour s'en persuader, on ne manquera pas de visiter dans le palais royal la salle d'apparat Ladislav ornée d'une incomparable voûte nervurée. Édifiée entre 1492 et 1502 par Benedikt Ried, elle est une remarquable synthèse entre le gothique et la Renaissance. Autre joyau du Château, la salle espagnole (page 45) qui date du début du XVIIe siècle. Couverte de stucs blancs rehaussés d'or, elle sert de cadre aux réceptions officielles.

Prague, capitale du Moyen Âge

Sous l'impulsion de Charles IV, Prague se métamorphose en une cité d'une surprenante modernité, atteignant une superficie de 7,5 kilomètres carrés pour une population de 30 000 habitants. Charles IV fonde aussi la Nouvelle Ville, le 28 mars 1348, la dotant de vastes places qui ont conservé les mêmes dimensions. Prague comptait alors trois écoles collégiales et vingt-neuf écoles paroissiales. Le roi de Bohême organisa aussi l'enseignement supérieur sur les modèles de Paris et de Bologne. En 1348, l'Université Charles ouvre les portes du savoir à 35 000 étudiants venant de l'Europe entière. Prague connaît des

transformations radicales avec près de 1 500 maisons, des tours et des portes, des rues de 18 à 27 mètres de large alors qu'elles n'excédaient pas 7 mètres ailleurs. Derrière le Château, une enceinte défensive de 2 km de long est planifiée. Au cours d'une cérémonie solennelle, c'est encore Charles IV qui pose, le 9 juillet 1357, la première pierre d'un robuste pont qui doit traverser le fleuve et le temps, devant remplacer un pont roman détruit par les inondations en 1342.

La France est partout présente dans les plans de Charles IV. À partir de 1370, Peter Parler qui s'attela à la construction de la chapelle de Tous-les-Saints au Château de Prague, reprit le style de la Sainte-Chapelle de Paris. Dessinant les tombeaux des Premyslides, ce virtuose du ciseau s'inspira de ceux des rois de France à Saint-Denis.

Charles IV, homme de culture

C'est à Paris et lors de nombreux séjours en Italie, que Charles IV avait affiné son goût pour les livres précieux et les objets d'art. Puisant sa fortune dans les mines d'argent de Kutná Hora, à l'est de la capitale, ce collectionneur patenté fit exécuter les plus somptueux bijoux par les meilleurs orfèvres de Prague groupés en corporation dès 1324. Le modèle de raffinement était déjà distillé depuis l'Italie par des caravanes qui circulaient entre Prague et Venise. Des peintres de Bohême venaient y pénétrer les secrets de la peinture sur panneaux. Prague peut aujourd'hui se targuer de posséder les plus remarquables retables de toute l'Europe. Érudit, cultivé, entouré de savants, Charles IV était aussi ouvert à tous les sujets. Dans sa bibliothèque personnelle figuraient en bonne place le Coran et l'Atlas céleste d'Al Soufi. Suivant la mode des reliques qui prévalait en cette fin de Moyen Âge, il fit exécuter des châsses et des vitrines pour abriter quelques vénérables reliques : celles de saint Guy, la nappe qui avait servi à la Cène et deux épines de la couronne du Christ, que lui avaient remises le roi de France.

Dernier voyage en France

À la tête d'un gigantesque Empire et d'un royaume prospère, sentant ses forces décliner, Charles IV décida de revoir Paris et la cour de France qui l'avait si bien accueilli pendant sa jeunesse. Accompagné de son fils Venceslas et déjà bien malade, il reprit pendant l'hiver 1377 le chemin de la belle France qu'il avait quittée cinquante ans plus tôt. De l'avis des chroniqueurs de l'époque, la réception que lui avait préparée son neveu et roi de France, Charles V dit le Sage, fut somptueuse. Charles pleura en revoyant le décor de son enfance. Malade, il se fit porter à la basilique Saint-Denis pour se recueillir sur les tombes de Charles le Bel et de la reine qui l'avaient aimé et aidé. Quand vint le moment des échanges de présents, le roi de Bohême remit à son neveu français un bel Évangile ottonien. Charles IV reçut en échange une coupe en or ornée des signes du zodiaque ainsi que la mître de saint Éloi, patron des orfèvres. Il fit enfin une visite remarquée, le 9 janvier, à la Sorbonne où il avait appris à bien gouverner. Charles IV pouvait mourir en paix, à Prague. L'Histoire ne l'oublierait pas.

En avance sur son époque dans bien des domaines, Charles IV (1316-1378) rédigea lui-même sa biographie essaimée d'illustrations le représentant lors de ses conquêtes, devant son successeur et à la prière.

De la secrète ruelle dorée du Château aux venelles tarabiscotées de Malá Strana, chaque maison, chaque façade, chaque angle de rue ont leur histoire et leur mystère. Parfois, la ville prend des allures florentines quand les architectes italiens de génie dessinent les toitures ourlées du palais Wallenstein et les terrasses des jardins Ledebour (page 49).

Prague n'a rien d'une ville ennuyeuse, oscillant entre tradition et modernité, proposant orchestres moraves et cafés branchés, marionnettes et théâtre noir, restaurants « tendance » et brasseries enfumées.

KNIHKUPECTVÍ FRANZE KAFKY

La profusion des styles architecturaux qui escaladent les façades comblera les mordus d'Histoire qui exploreront la salle gothique du Conseil de l'Hôtel de Ville (ci-dessus), le palais rococo Goltz-Kinsky achevé en 1765 (page 52, en bas) et l'immeuble Art Nouveau dressé en 1900 par l'architecte Osvald Polívka (page 52, en haut).

PŘÍŠTÍ
PROGRAM
DNEŠNÍ
PROGRAM
DOLBY
DIGITAL
LUCERNA
MULTIKINO 93

À travers les rues, les quartiers, les édifices, se perçoivent les influences les plus diverses. Achevée en 1868, la synagogue espagnole exhibe une remarquable décoration néo-mauresque (ci-dessus). Aménagé dans les années 1920 par le grand-père de l'ancien président Havel, qui l'avait conçu comme un vaste réseau de galeries et d'appartements, le passage Lucerna (page 54) est affublé d'une étrange statue en résine de saint Venceslas.

En hiver, les Praguois délaissent volontiers leur capitale pour aller dévaler à ski les pentes neigeuses des montagnes de Krkonoše, en Bohême de l'Est. Saupoudrée de blanc, Prague s'habille alors de mystère et, à Malá Strana, les cygnes ne comptent plus que sur les touristes pour glaner un peu de nourriture.

Tapissée de blanc, la capitale tchèque a plus d'un tour dans son sac pour nous séduire et se prête à merveille à la marche à pied. L'émotion est toujours au rendez-vous. Intimidante avec les clochetons de la cathédrale Notre-Dame de Týn (ci-dessus) pointés dans un ciel plombé, la ville de Kafka sait charmer dès qu'un rayon de soleil caresse les toits de Malá Strana et réchauffe le pont Charles (page 58).

Les palais baroques

Le romantisme de Malá Strana

Il faut croire aux légendes ! Peu avant les terribles inondations de 2002, la cloche de la cathédrale Saint-Guy s'était fendue en pleine célébration de la Saint-Guy. Se remémorant les ancestrales légendes de la Bohême profonde, les anciens de Malá Strana avaient alors prédit de grandes catastrophes. Et un peu plus tard, les eaux boueuses et folles de la Vltava avaient envahi les jardins, cours d'immeubles de la rive gauche, laissant le palais Buquoy (ambassade de France) les pieds dans la boue. La crue la plus importante depuis cinq cents ans.

Tassé gentiment au pied du Château, le quartier de Malá Strana, pourvu de palais et de jardins à l'italienne, est définitivement baroque. Tout comme sa population. On y croise des diplomates comblés, des acteurs et des chanteurs connus, une poignée de religieuses retranchées dans des couvents récemment restitués, des apprentis mélomanes qui s'exercent à la musique, des aristocrates satisfaits d'avoir récupéré leur fief après quarante ans de communisme. Il y a aussi toute une escouade d'« anciens modestes locataires » de la ville, devenus de « nouveaux riches propriétaires » quand celle-ci leur a vendu, tellement bon marché, un appartement qui vaut de l'or : 3 500 euros le mètre carré ! Qui dit mieux ?

Pour les Tchèques, habiter Malá Strana tient du rêve, de la petite folie. Tant de légendes, de contes populaires et de vieux films ont décrit ces quartiers pittoresques aux jardins oubliés, aux arrière-cours plantées d'arbres, aux immeubles reliés par des galeries (*pavlač*), encore dotés de toilettes en commun. Quant aux palais baroques abandonnés par la noblesse ou confisqués par l'État, ils ont cédé la place aux légations et aux ambassades.

Une Histoire qui laisse des traces

Fondée en 1257, la ville de Malá Strana abritait au Moyen Âge une population plutôt modeste : petits métiers, équarisseurs, tanneurs, sculpteurs et artisans qui œuvraient au bord du « ruisseau du Diable », ce canal artificiel qui alimente toujours trois moulins. Mais l'habitat ne résista ni aux incendies en 1419 et en 1541, ni aux déchirures d'une Histoire qui a bouleversé le pays après Charles IV. Ce sont d'abord les guerres hussites qui ravagent la Bohême, ses châteaux et ses villes quand les Tchèques se rassemblent derrière la bannière de Jean Hus, prêtre catholique et recteur de l'Université Charles. Son péché ? Dénoncer la richesse de l'Église catholique et le trafic des indulgences. On ne lui pardonnera pas. Il sera brûlé vif au Concile de Constance, le 15 juin 1415. Son sacrifice et son message sont restés tellement présents dans la mémoire collective des Tchèques que la date de sa mort est récemment devenue jour férié.

Pour faire entendre raison aux Tchèques, on envoie des croisades. Même Jeanne d'Arc projeta de partir en campagne pour la Bohême, après avoir battu les Anglais. Nouvelle blessure de l'Histoire, en 1526. Grâce à une politique subtile de mariages et d'alliance, la puissante famille des Habsbourg phagocyte le trône de Bohême qui deviendra la région industrielle de l'Empire autrichien jusqu'en 1918.

En dehors du palais Schwarzenberg aux sgraffites Renaissance, aux corniches à l'italienne et aux pignons à redents (page 61), les quartiers du Château (Hradčany) et de Malá Strana sont saupoudrés de baroque et ornés de motifs religieux acquis à la Contre-Réforme.

Quel bonheur de vagabonder à travers les ruelles médiévales, le nez en l'air, en saluant portails et frontons Art Nouveau, baroques et Renaissance.

Au hasard des promenades, le moindre pignon, la moindre ruelle ont quelque chose à raconter. Derrière le Château et le sanctuaire de Loreta, on tombe amoureux du quartier bucolique appelé le Nouveau Monde (Nový Svět) (en haut), où résidaient jadis les alchimistes de Rodolphe II, Thycho Brahé et Johannes Kepler. De nos jours, les fins gourmets s'y faufilent pour venir s'attabler au restaurant « À la poire dorée » (U zlaté hrušky), qui offre un cadre idéal à un dîner en amoureux.

Rodolphe II, empereur du grand bizarre

Au XVIe siècle, naît pourtant à Malá Strana un décor urbain plutôt aimable. La Renaissance est à la mode et les artistes italiens s'en donnent à cœur joie, maculant les façades de hauts pignons et de volutes excentriques, de vastes corniches et de sgraffites imitant la pierre. Les nobles et le clergé se portent acquéreurs de terrains dans les environs du Château et font construire. Même si le pouvoir est à Vienne. En 1535, on rehausse les jardins royaux du palais royal d'été et sur la place du Château, entre 1545 et 1563, le palais Schwarzenberg se met à exhiber ses façades dévorées par les sgraffites.

Délaissant les Viennois pétrifiés par la menace turque, l'empereur Rodolphe II de Habsbourg installe sa brillante cour à Prague en 1583. Collectionneur, passionné d'art, plus intéressé par l'alchimie et l'astrologie que par les intrigues politiques, cet « empereur du grand bizarre » invite peintres et créateurs de toute l'Europe, et d'abord les talentueux Italiens. On enjolive le Château de salles d'apparat et de galeries de peintures. La ville scintille de mille feux. Mais Rodolphe dérange. En 1611, son frère Matthias de Habsbourg reprend les choses en main.

Fondée en 1140, l'abbaye de Strahov, dont les tours jumelles semblent veiller sur la cité, demeure l'une des plus grandes de toute la Bohême. Récemment restituée à l'ordre des Prémontrés, qui avait dû abandonner le monastère en 1952 sous l'ancien régime, elle symbolise le renouveau religieux en Bohême avec plus de quatre-vingts moines vivant au monastère. Si le grand réfectoire, au plafond peint de scènes de ripaille, n'est pas accessible à la visite (ci-dessus), on pourra s'aventurer sur le seuil des salles de Théologie et de Philosophie. Livrée au talent de Giovanni Domenico Orsini, entre 1671 et 1679, la salle de Théologie (page 65 en haut) fut aménagée sous une remarquable voûte en berceau embellie de peintures évoquant les thèmes de la Vraie Sagesse. Aménagée entre 1782 et 1784 par l'architecte Ignaz Palliardi, la salle de Philosophie (page 65 en bas) en impose par la hauteur de ses rayonnages en noyer sculpté. À 15 mètres du sol, le plafond peint par le Viennois Franz Anton Maulpertsch raconte une certaine « Histoire de la Philosophie » où l'on aperçoit Voltaire et Diderot se débattant en Enfer.

La bataille de la Montagne Blanche

Il faut alors remettre la Bohême dans le droit chemin. D'abord en matière de religion. Les Habsbourg sont catholiques, la majorité des Tchèques sont protestants. Et rebelles. En 1620, lors de la trop célèbre bataille de la Montagne Blanche, les armées impériales catholiques, faites de mercenaires français, allemands, autrichiens et conduites par Charles de Bonaventure de Longueval de Buquoy, écrasent les troupes des États protestants de Bohême. Les exécutions s'enchaînent, il faut punir les mauvais croyants. La noblesse protestante a le choix : se convertir ou partir. 150 000 choisissent l'exil. Leurs biens, châteaux, domaines et palais sont confisqués et donnés généreusement aux vainqueurs ou à leurs troupes. Souvent des arrivistes. La palme revient au comte Albrecht de Wallenstein, généralissime de l'armée impériale. Tout lui est dû. Il accapare des dizaines de domaines dans le nord de la Bohême. À Prague, dans le quartier de Malá Strana, sur l'emplacement de vingt-cinq maisons qu'il fait abattre, il convoque les architectes les plus capés pour leur commander le premier palais baroque. Les travaux pharaoniques durent six ans, de 1624 à 1630. Rien n'est trop beau pour Wallenstein, ni la fresque du plafond de la salle des Ancêtres, le magnifiant sous les traits du dieu Mars, ni les jardins sublimement agencés autour d'une exubérante *sala terrena* aux allégories inspirées de l'*Énéide*.

Depuis 1526, la Bohême est tombée dans l'escarcelle de l'Empire d'Autriche, de la famille régnante des Habsbourg et du catholicisme triomphant. En 1620, la bataille de la Montagne Blanche sonne le glas de la noblesse protestante de Bohême qui doit s'exiler, abandonnant palais, domaines et châteaux. Pour récompenser les vainqueurs, souvent des mercenaires, on leur cède les fiefs des vaincus. À Malá Strana, le généralissime de l'armée impériale, Albrecht de Wallenstein, se fait bâtir entre 1624 et 1630 un somptueux palais qui porte toujours son nom et qui abrite le Sénat. Égayés d'une pompeuse *sala terrena* où se produisent en été des orchestres, on prendra du plaisir à flâner dans les jardins « à la française » du plus vaste palais baroque du quartier. Ouverte à la visite le samedi et le dimanche, la salle d'apparat du palais Wallenstein (page 66) exhibe ses plafonds peints par Baccio di Bianco. On y croise Wallenstein magnifié en Mars, dieu de la guerre.

La Contre-Réforme

On assiste alors en Bohême à une véritable résurrection du catholicisme. Oublié le sac de Rome en 1527 par les troupes de Charles Quint, oubliée la vague de pénitence avec la floraison des ordres religieux aux règles tellement austères, oublié cet art rigide exhibant une armée de saints plongés dans l'ascétisme. Rome triomphe dans le baroque. Le protestantisme refusait le culte des saints. On les remet au goût du jour. Les commandes affluent dans les ateliers des virtuoses de la taille de pierre. Qui enferment les palpitations de la vie dans des formes incomparables. Le pont Charles est rehaussé de bienheureux : Antoine, Bernard, Anne, Marguerite et les autres. Ils avancent les mains, les joignent, implorent, semblent discuter, jubilent parfois. Certains protègent de la terrible Peste noire, fléau du Moyen Âge. C'est saint Sébastien, vieux centurion converti sculpté en jeune musculeux éphèbe percé de flèches. Il y a aussi saint Roch, lépreux guéri miraculeusement qui exhibe sa cuisse malade. On tire de l'oubli un ancien vicaire général de l'archevêché, prénommé Jean et originaire de Pomuk en Bohême. Selon la légende, le roi de Bohême Venceslas IV avait fait précipiter le malheureux par-dessus le pont Charles en 1393, pour le punir d'avoir refusé de révéler les confessions de la Reine. Orchestrées par les Jésuites, les festivités qui accompagnèrent la canonisation de Jean Népomucène durèrent huit jours et furent racontées dans tous les manuels d'Histoire. On confectionna pour l'occasion un tombeau en argent qu'on alla déposer dans la cathédrale après lui avoir fait traverser la ville : « On avait recouvert les vingt quintaux de la statue de métal d'un drap précieux, orné de peintures... ». Il est partout ce saint Jean Népomucène, dans les cours d'immeubles, dans les églises et dans les campagnes. Il devient même le patron des ponts. On accommode les églises baroquisées de légions d'angelots, sortes d'intermédiaires célestes entre la terre et le ciel. Ils ont l'œil sur tout, semblent épier les âmes, escaladant les façades, les retables et les autels.

Symbole et orgueil de sa capitale magique, à toute heure du jour et de la nuit le pont Charles dévoile une vraie symphonie de silhouettes : clochetons, dômes, réverbères et statues baroques. Il y a sainte Marguerite, sainte Barbe, sainte Élisabeth (page 69) et les autres...

MARGARITA

L'église Saint-Nicolas de Malá Strana

Les savants metteurs en scène du baroque sont les Jésuites. Leur vision du monde explose dans l'église Saint-Nicolas dont la première pierre est posée en 1673. Dédiée à l'évêque de Myre qui vécut au IVe siècle en Asie Mineure, elle ne sera achevée qu'en 1775 sous l'impulsion magistrale d'architectes bavarois, Christoph Dienzenhofer et son fils. Il faut dire que la haute coupole verte à lanterneau flanquée d'une tour agrémentée de cintres et de corniches, occupe tout le paysage de Malá Strana. À l'intérieur, on assiste à une formidable débauche de marbre factice, de statues et de balustrades. Finalement de fausse monnaie. Ici, plus qu'ailleurs, on fait appel à la couleur, au mouvement et au trompe-l'œil. Presque toutes les églises praguoises passent au salon de maquillage. On demande aux artistes de se laisser guider par l'émotion pour montrer le droit chemin, l'amour divin. Le saint n'est plus martyr, il est porté par l'extase. Les façades adoptent les lignes concaves ou convexes, les autels sont ornés de retables surchargés, les colonnes torses élèvent les âmes vers le paradis autour d'angelots poudrés. Les Tchèques sont-ils donc tellement naïfs pour se laisser convertir par ces décors grandiloquents ? Sûrement pas.

Avec son dôme et son clocher omniprésents dans l'environnement de Malá Strana, l'église Saint-Nicolas est emblématique de la période baroque et de l'œuvre des Jésuites. Formidable trompe-l'œil destiné à impressionner les âmes sensibles, l'intérieur de l'église, peuplé de statues plus expressives les unes que les autres, a inspiré Paul Claudel, consul à Prague. Dans son introduction au *Soulier de satin*, il la décrit en ces termes : « L'édifice entier est une action de grâces à laquelle nous sommes aussitôt associés, où tout est paix, joie et non seulement sourire, mais éclat de rire. »

Le baroque est partout

Indépendamment de la religion, un style est né, le baroque. Il va remodeler au XVIIe et au XVIIIe siècle châteaux, couvents, églises, maisons et palais. Remplaçant vergers et vignes qui escaladaient les pentes du château, les palais fleurissent à Malá Strana, plus somptueux les uns que les autres, commandés par cette nouvelle noblesse acquise à l'Autriche. Les décorateurs sont souvent des étrangers qui installent leurs familles en Bohême. Francesco Caratti et Giovanni B. Allipandri sont Italiens, Jean-Baptiste Mathey est Bourguignon. Les Tchèques ne sont pas en reste. Matyáš Bernard Braun et Ferdinand Maximilian Brokoff excellent à la taille de la pierre, Karel Škréta et Peter Brandl manient les pinceaux avec génie, Václav Vavřinec Reiner exulte dans l'art de la fresque. Des fêtes somptueuses, bals masqués, concerts, sont donnés dans les salles de bal aux murs mangés par les portraits démesurés de la tentaculaire famille de Habsbourg.

En face du palais Wallenstein, aujourd'hui siège du Sénat, il faut se perdre dans les jardins des palais Palffy, Kolowrat et Fürstenberg (ambassade de Pologne) qui partent à l'assaut du Château. Quel festival de terrasses, gloriettes, fontaines et logias. Escaladant la rue Nerudova qui grimpe au Château, deux palais se font presque face, façonnés par Jan Santini-Aichl, le plus grand architecte du baroque bohémien. Deux atlantes aux allures de Maures exécutés par Ferdinand Maximilien Brokoff encadrent le porche du palais Morzin (ambassade de Roumanie). Il célèbre la mémoire de Venceslas de Morzin qui servit sous les ordres d'Eugène de Savoie. De l'autre côté, le palais Kolowrat-Thun (aujourd'hui ambassade d'Italie) appartient à un complexe palatial achevé en 1678. Plus bas, le palais Liechtenstein prit sa position en face de l'église Saint-Nicolas en l'honneur de Karl von Liechtenstein et en guise de remerciements pour avoir présidé en 1621 à l'exécution de 27 chefs de la rébellion des États sur la place de la Vieille Ville.

Constitué d'un assemblage d'églises, de chapelles, de bâtiments et d'un ancien collège ouvert aux enfants de la noblesse, le Klementinum rappelle la présence des Jésuites convoqués dès le XVIe siècle pour « recatholiciser » la Bohême. Surmontée d'un observatoire, la bibliothèque baroque édifiée en 1727 fera le bonheur des amateurs d'art tout comme la chapelle des miroirs où sont donnés des concerts.

Avec le temps, Malá Strana et la Vieille Ville n'offrant plus assez d'espace de construction, la noblesse s'est tournée vers la Ville Nouvelle pour édifier leurs palais. À deux pas de la place Venceslas, le palais Kaunitz, qui vit le jour en 1725 pour le comte Schaffgotsch, abrite le musée Mucha et quelques majestueux salons récemment remis en état avec brio.

À l'extrémité de l'île de Kampa, l'autre palais Liechtenstein magnifie le souvenir du Hollandais Jean de la Cron, brillant officier au service de l'Autriche. Presque adossé à la colline de Petřín, le **palais Lobkowicz** (ambassade d'Allemagne) exhibe sa rutilante façade tournée derrière les grilles, avec un avant-corps central dessiné par Giovanni B. Allipandri. Voisin, le palais Schönborn (ambassade des États-Unis) fut baroquisé en 1718.

Dans la rue des Carmélites, presque en face de l'église du Petit-Jésus de Prague, le **palais Rohan** qui vit le jour en 1792 devint le fief du prince Victor de Rohan en 1816 quand la famille de noblesse bretonne comprit qu'elle ne pourrait plus recouvrer ses biens en France. Bien restauré, le palais appartient aujourd'hui au ministère de l'Éducation.

En traversant la rue des Carmélites, on rejoint la place de l'ordre de Malte où l'ancien ordre des frères de l'hôpital Saint-Jean-de-Jérusalem avait installé son domaine depuis le XIIe siècle. Lové en bordure de la minuscule île de Kampa, le quartier est un vrai havre de paix, doté des meilleurs restaurants de la ville. On lève les yeux sur le palais Turba (ambassade du Japon) façonné en 1767 et le **palais Nostitz** (ministère de la Culture) dont la triomphale façade est rythmée de douze pilastres et couronnée d'un attique de statues de généraux de l'Antiquité.

Agencé au début du XVIIIe siècle, le palais Lobkowicz, où est installée l'ambassade d'Allemagne (page 76), fut en partie façonné par l'architecte Giovanni Battista Allipandri. Si la salle ronde d'apparat et les salons de réception du premier étage (ci-dessus) jouissent d'un aménagement plutôt baroque, les salles voûtées du rez-de-chaussée, rehaussées de fresques et de trompe-l'œil colorés (pages 78-79), sont plus intimes et offrent des espaces de travail bien agréables pour les diplomates. Dans les escaliers, une exposition permanente de photos rappelle un épisode qui a marqué l'ambassade en 1989, quand des centaines d'Allemands de l'Est, abandonnant leurs Trabant dans les rues adjacentes, escaladaient les grilles du palais pour y trouver refuge.

Comme ses habitants, les palais de Malá Strana ont suivi les vicissitudes de l'Histoire des territoires de Bohême. Paradant dans la rue des Carmélites, attribué au ministère des Sports, de l'Éducation et de la Jeunesse, le palais Rohan reçoit parfois la visite de certains descendants de la famille Rohan, sur les traces d'ancêtres qui avaient fui la Révolution Française.

Nichée à Malá Strana, la paisible place de Malte est bordée de sublimes palais baroques comme, au numéro 6 le palais Turba (ambassade du Japon), au numéro 14 le palais Straka (qui abrite une école de musique) et au numéro 1 le palais Nostitz, construit en 1662 (photos pages 82 et 83), siège du ministère de la Culture.

Le palais Buquoy, ambassade de France

Doucement ombragée par des tilleuls qui symbolisent la nation tchèque, la place du Grand Prieur est l'une des plus romantiques de Prague et de Malá Strana. Une vraie parenthèse de douceur dans la ville. Loin des hordes touristiques, elle se dérobe à l'homme pressé et mal habile sur ses pavés raboteux. Quelques porches sans apparat protégeant des cours endormies et des façades heureusement oubliées par les badigeons racoleurs. Rien de clinquant, rien que la patine du temps.

Depuis la petite île de Kampa, on y accède par un étroit pont qui enjambe le ruisseau du Diable. Venant de l'autre côté, il faut longer le palais du Grand Prieur et le Conservatoire de musique où les jeunes talents jettent par les fenêtres ouvertes des paquets de notes bien innocentes. Un peu en retrait de la place qui se couvre d'un tapis de feuilles jaunies en automne, de neige en hiver, de senteurs enivrantes de tilleul au printemps et de voitures officielles le 14 juillet, surgit la façade rococo du palais Buquoy, l'ambassade de France.

Posé sur la place du Grand-Prieur, le palais Buquoy, siège de l'ambassade de France, a su préserver son identité au cœur de Malá Strana. Ancien fief de la famille du comte de Buquoy, il fut d'abord loué par l'État français en 1919 avant d'être acquis en 1930.

Cocorico ! Un sondage lancé dans le quotidien *Dnes* concluait que les visiteurs français étaient les petits préférés des Praguois et que la France avait la cote auprès des Tchèques. Les liens entre les royaumes de Bohême et de France sont tissés depuis le XIVe siècle quand le futur Charles IV fut envoyé à la cour de France. Plus récemment, en 1988, le président François Mitterrand reçut le dissident Václav Havel lors d'un petit déjeuner qui fit date, à l'ambassade de France, au palais Buquoy. De l'escalier d'honneur (page 85) au salon Jaune (pages 86 et 87), du salon Bleu (page 87 en bas) au salon de Musique (page 88) où se déroulent concerts et réceptions, c'est tout l'esprit français qui se décrypte entre ces murs chargés d'Histoire.

Le 14 juillet, dans les jardins apprêtés pour l'occasion, une poignée de grenadiers de l'Empire fait la haie d'honneur aux invités du tout Prague. Le Président de la République tchèque et Madame ne rateraient pour rien au monde la réception au palais Buquoy où l'Histoire a laissé des traces. Mozart y aurait donné un concert et Václav Havel, à l'époque de la dissidence, y rencontra le Président Mitterrand. C'était le 9 décembre 1988, bien avant les événements. Tout se joua dans la grande salle à manger qui donne sur la place. Václav Havel, dissident sortant de prison, inconnu du monde, était reçu par un Président de l'Ouest. Avec une poignée d'autres dissidents, il gravit ce jour-là l'escalier d'honneur intérieur, s'engagea dans l'enfilade de salons réaménagés vers 1860. Salués par les stucs d'anges batifolant et s'enlaçant au milieu de fruits juteux et de guirlandes fleuries, Havel, et ses compagnons un peu intimidés, gagnèrent la salle à manger où le Président français proposa à Václav, outre des croissants chauds, une entrevue historique qu'il n'oublierait pas.

Donnant sur la place du Grand-Prieur, le salon Charles X rend hommage au futur roi de France en exil au Château de Prague de 1810 à 1816. On y reconnaît des tapisseries d'Abbeville et une peinture de Joseph Chabord représentant Charles X passant ses troupes en revue au Champ-de-Mars, le 21 mai 1826.

Pour les Tchèques, la France demeure le pays de l'art de vivre. Être reçu au palais Buquoy, une coupe de champagne à la main, reste un privilège envié. Les plus chanceux gagneront l'enfilade des salons au milieu des lustres en cristal de Bohême, poêles en faïence et vases de Chine. On y débusque aussi un portrait du vieux maréchal Kutuzov qui commanda l'armée russe, en 1805 à Austerlitz et en 1812 en Russie (qui a dit que les Français étaient rancuniers ?). Ouvrant sur l'escalier d'honneur, le salon Rouge (ci-dessus) présente deux peintures du XIXe siècle signées du peintre tchèque Hynais.

Agencé un peu avant 1750, le palais fut le fief de la famille Buquoy, originaire du Brabant. Leur ancêtre n'était pas n'importe qui. Charles Bonaventure de Longueval, comte de Buquoy et commandant en chef des armées impériales, avait écrasé les troupes protestantes tchèques lors de la bataille de la Montagne Blanche. L'empereur Ferdinand II de Habsbourg savait remercier les valeureux guerriers. Le comte de Buquoy devint propriétaire du château de Rožmberk en Bohême et de ce palais praguois, l'un des plus beaux qui soit. L'État français, qui le loua à partir de 1919, s'en porta acquéreur en 1930, par l'entremise de François Charles-Roux, ambassadeur de France à Prague, de 1927 à 1932. Les deux pays étaient alors, comme de nos jours, main dans la main. Et le 14 juillet, Tomáš G. Masaryk, premier président de la jeune République de Tchécoslovaquie et francophone averti, réclamait avec malice qu'on lui joue « Ah, ça ira » qu'il entonnait avec l'assemblée.

Le baroque dans la Vieille Ville

Malá Strana n'étant pas extensible, certains nobles se tournèrent vers la rive droite pour édifier leur résidence princière. Elles essaiment les abords de la rue Karlova, l'ancienne voie royale empruntée au Moyen Âge par les cortèges lors des couronnements. Ouvrant presque sur le pont Charles (au 2 de la rue Karlova), le **palais Colloredo-Mansfeld** offre son majestueux porche et sa cour d'honneur aux hordes pressées d'aller manger un juteux canard ! Dommage. Édifié à la fin du XVIIe siècle pour le comte Vincenz Paul von Mansfeld-Fondi, le palais comporte au premier étage une somptueuse salle de danse qui attend patiemment une restauration d'envergure. Au XVIIIe siècle, les beaux esprits s'y donnaient rendez-vous.

Non loin de là, posé entre la place Sainte-Anne et les quais, le palais Pachta connut un meilleur destin. Composé de quatre ailes d'un étage, d'une élégante cour d'honneur et d'un escalier à double volée égayé de putti, l'ancien palais du comte Hubert Karl Pachta reçut Mozart et Casanova. Il bénéficia en 2004 d'une cure de jouvence accordée par la société Orco qui l'a transformé en résidence–hôtel de luxe.

Cheminant dans la rue Karlova, on tombe nez à nez avec des colosses de pierre soutenant le balcon du **palais Clam-Gallas**. Derrière ces façades hautaines, les Archives de la Ville y sommeillent en paix et des expositions temporaires y sont organisées. Comme Mathias Gallas de Campo, commandant des armées impériales, avait bien défendu le royaume, Ferdinand II lui accorda ce bel emplacement, au cœur de la Vieille Ville. On fit appel à l'architecte de la cour, Johann Bernhard Fischer von Erlach, qui conçut entre 1713 et 1719 l'un des plus beaux palais baroques d'Europe. Une succession de splendeurs. On ne sera pas déçu de s'aventurer dans l'escalier intérieur rehaussé d'une remarquable fresque de Carlo Innocenzo Carlone, représentant *Le Triomphe d'Apollon*.

Ouvrant presque sur le pont Charles, avec sa cour d'honneur donnant dans la rue Karlova, le palais Colloredo-Mansfeld, qui vit le jour vers la fin du XVIIIe siècle, possède une remarquable salle de bal ovale où la noblesse aimait festoyer (page 93).

Au détour de la rue Karlova qui serpente dans la Vieille Ville, on tombe nez à nez avec deux couples d'atlantes supportant sans se lasser le balcon du palais Clam-Gallas, l'un des palais baroques les plus exubérants. Édifié par l'architecte viennois Johann Bernhard Fischer von Erlach entre 1713 et 1719, il sert de dépôt aux Archives de la Ville et se transforme parfois en lieu d'expositions temporaires ou en salle de concert. L'occasion d'emprunter l'escalier principal et de lever les yeux, médusé, sur la fresque de Carlo Innocenzo Carlone représentant *Le Triomphe d'Apollon*. La salle de bal (page 95) est un vrai petit bijou !

Derniers palais rococo

À la fin du XVIIIe siècle, les nobles se mirent à déserter Prague pour refluer à Vienne avec leurs essaims de domestiques. Malá Strana et sa kermesse de palais et jardins commencèrent à s'endormir doucement. On embellit encore certains quartiers de la ville avec le palais Silva-Tarouca conçu en 1751 pour le prince Ottavio, généralissime des armées impériales. Sur la place de la Vieille Ville, on dressa la façade rococo du palais Goltz-Kinský, édifié entre 1755 et 1765 pour le comte Johann Ernst von der Goltz. On termina le siècle en apothéose avec la construction du théâtre Nostitz achevé en 1783, le cadre idéal pour recevoir Mozart et son *Don Giovanni*.

Avec ses combles couronnés par des statues signées Platzer et sa façade hautement décorée par l'architecte Anselmo Lurago, le palais Goltz-Kinský, achevé vers 1765, a dû combler son propriétaire, le comte Goltz, qui l'avait commandé. Dressé sur la place de la Vieille Ville, le plus beau palais rococo des environs est l'objet d'un procès pour sa restitution à la famille Kinský.

Les palais modernes

À partir de 1850, l'identité tchèque s'affirme, glorifiée par les styles historisants, néogothiques, néo-baroques et néo-Renaissance. Avec la pose de la première pierre du Théâtre National, en 1868, c'est toute une nation qui revit. La bâtisse néo-Renaissance est financée par souscription et tous les Tchèques puisent dans leur bas de laine. C'est l'opéra de Smetana *Libuše* qui inaugure la saison. Mais le destin s'acharne. Un incendie ravage l'édifice, reconstruit au bout de neuf mois. Achevé en 1884 dans le même style néo-Renaissance, le Rudolfinum devint la grande salle de concert praguoise. La ville change de visage.

Depuis le pont Charles, on découvre la riante perspective sur les quais Masaryk, rehaussée de la silhouette du Théâtre National et des façades Art Nouveau alignées comme à la parade.

Pour rien au monde, les Praguois ne manqueraient la première d'un nouveau ballet ou d'un opéra au Théâtre National avant d'aller terminer la soirée au café Slavia situé juste en face. Symbole du réveil national tchèque à la fin des années 1800, financé par souscription, le Théâtre National, au style néo-Renaissance caractéristique, fut l'œuvre des meilleurs décorateurs. Les peintures intérieures signées Aleš et Ženíšek mettent en exergue la nation tchèque. Du foyer aux salons du Président (pages 102 et 103) patinés de style néo-Renaissance, tout respire luxe et volupté.

Arrivée victorieuse de Masaryk en 1918, chars allemands paradant en 1939, Printemps de Prague en 1968 et chars soviétiques au milieu de la foule, immolation de Jan Palach en 1969, Révolution de Velours en 1989 avec discours de Václav Havel... les grandes pages de l'Histoire mouvementée de la République tchèque ont été tournées sur la place Venceslas, sous l'œil inquiet de saint Venceslas qui trône à cheval en haut de la place. Autre symbole fort de l'identité tchèque, le Musée National, édifié à la fin du XIXe siècle dans le style néo-Renaissance. On le destina à recevoir de précieuses collections amassées à partir de 1818, afin d'établir « un tableau scientifique complet de la patrie bohémienne ». Au milieu d'expositions de Minéralogie, de Paléontologie et de Zoologie, on croise les bustes et les statues des bienfaiteurs des collections, ainsi que des grands hommes de la Nation, de Charles IV à l'humaniste Comenius (pages 106 et 107).

En 1885, on remplace la porte qui se dressait en haut de la place Venceslas par une sorte de panthéon à la gloire des grands hommes de la Nation. Leurs statues et bustes vont orner le Musée National.

La Bohême, la région industrielle et prospère de l'Autriche, prend conscience de ses propres richesses. La bourgeoisie aspire à de nouvelles libertés. Les banques, les postes, les caisses d'épargne prennent des allures de palais embellis par de grands artistes comme l'architecte Osvald Polívka qui exécute en 1896 la Banque Živnostenská. Sur la place Venceslas, l'immeuble Wiehl exhibe ses sgraffites et Josef Václav Myslbek signe l'œuvre de sa vie, la statue de Saint-Venceslas.

Véritables palais des temps modernes, les banques praguoises focalisent le regard du visiteur un peu intimidé par une telle profusion de marbre et de mosaïques, destinée à rassurer le futur client. Logée dans un immeuble néo-Renaissance datant de 1896, dessiné par l'architecte Osvald Polívka, la Banque d'Investissement (Živnostenská banka) est un modèle du genre. Le génie de Mikuláš Aleš et de Max Švabinský s'exprime pleinement dans les intérieurs (page 113) des salons et des escaliers.

Page 114 :
Pompeuse comme une préfecture, la Caisse d'Épargne en impose par son genre typiquement néo-Renaissance de la fin du XIXe siècle, juste avant l'Art Nouveau. Sorti des cartons des architectes Wiehl et Polívka entre 1891 à 1894, l'agencement intérieur de cette Caisse d'Épargne a focalisé les décorateurs les plus connus : Myslbek, Aleš, Sucharda et Ženíšek.

Page 115 :
Classé avec raison par les Monuments Historiques, l'immeuble de la Banque des Légions tchécoslovaques reste le fleuron décapant de l'architecte Josef Gočár (1880-1945). On parle de rondocubisme pour classifier cette étrange bâtisse exécutée entre 1922 et 1925. Sitôt passé le monumental portail à pilastres, on reste intrigué par un environnement plein de rondeur et de géométrie.

Achevé en 1889, le nouvel hôtel chic de la place Venceslas est d'abord baptisé « Chez l'archiduc Stephan ». Il prend le nom d'Hôtel Evropa au début du XXe siècle quand le style Art Nouveau l'orne de balcons en fer forgé, de mosaïques en pâte de verre et d'une balustrade au sommet égayé de nymphettes brandissant une lanterne. De nos jours, le café et le restaurant de l'hôtel offrent toujours leur ambiance rétro pour savourer un morceau de nostalgie ou un croustillant canard. Aujourd'hui vieillissant, l'hôtel attend patiemment une cure de jeunesse.

FRANCOUZSKÝ RESTAURANT

Remis au goût du jour après de longues années d'abandon, l'Hôtel Central, bâti entre 1899 et 1900, sur les plans de Friedrich Ohmann, propose ses embellissements Art Nouveau rehaussés de modernité.

Un nouveau style explose au tournant du siècle : l'Art Nouveau qui glorifie la nature et la beauté féminine. On innove dans les matériaux nouveaux, pâte de verre, fer forgé, acajou. La place Venceslas sera l'autel de ce mouvement. Édifié en 1889, l'hôtel Chez l'archiduc Stephan, qui deviendra l'Hôtel Evropa, est remodelé au goût du jour à l'aide de balcons en fer forgé. On orne son fronton de lettres d'or sur fond de mosaïques en pâte de verre, on ajoute des entrelacs de végétaux mêlés de rubans. Au sommet, on dépose une balustrade en fer forgé avec un groupe de nymphes soutenant une lanterne. La grande classe ! La décoration est aussi intérieure. Fer forgé, cariatides et acajou parsèment les espaces communs, café et restaurant.

Le nouveau style envahit tous les compartiments de la vie, les façades des immeubles, les cages d'ascenseurs, les poignées de portes, les systèmes de chauffage. Les voyageurs ne sont pas en reste, on leur offre la sculpturale Gare centrale qui voit le jour en 1909.

Pour les Praguois, on sort des cartons les nouvelles galeries marchandes Lucerna réalisées entre 1909 et 1920 par le grand-père de Václav Havel. Parachevée en 1912, la Maison de la Municipalité rassemble tous les élans créateurs des artistes du moment, comme un peu le Théâtre National, quelques années plus tôt. Alfons Mucha, qui a fait sa renommée à Paris avec ses affiches de théâtre représentant Sarah Bernhardt, en est l'un des maîtres d'œuvre.

La tournée des grands cafés d'autrefois pourrait débuter par une pause au café de l'Hôtel Evropa, avant d'aller rejoindre le café Slavia, en face du Théâtre National. On pourrait ensuite s'attabler au café Impérial pour écouter des airs de fox-trot et finir en dégustant une Sachertorte au café de la Maison de la Municipalité (ci-dessous). Conçu comme un édifice polyvalent dans les années 1900, tous les artistes de l'époque ont collaboré à l'élaboration et la décoration de ce palais Art Nouveau démesuré. Outre un café et deux restaurants, la Maison de la Municipalité recèle dans ses entrailles l'incontournable salle de concert Smetana.

Véritable institution en matière de cristal de Bohême, la maison Moser, logée dans la rue Na Příkopě, exhibe des pièces uniques (ci-dessus) rangées dans ce palais du XVIIIe siècle acquis par la famille Moser en 1924. Adresse plus secrète, le palais de Géraldine Mucha (page 122), belle-fille d'Alfons Mucha (1850-1939) qui connut la célébrité à Paris à partir de 1894 en illustrant les affiches de Sarah Bernhardt. Cette demeure proche du Château contient l'univers lyrique du génial décorateur revenu vivre à Prague à partir de 1910 afin de participer à la vie artistique de son pays.

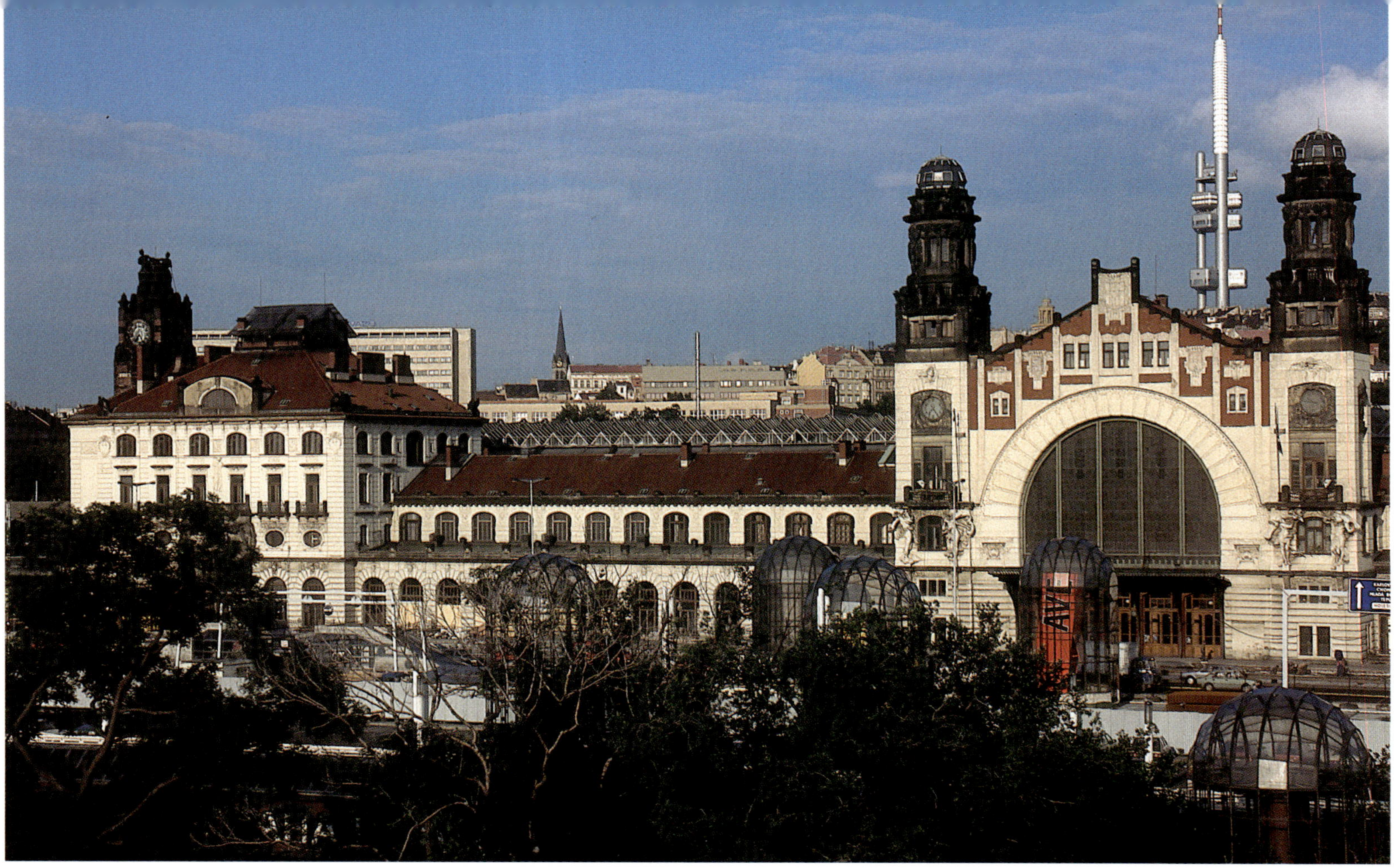

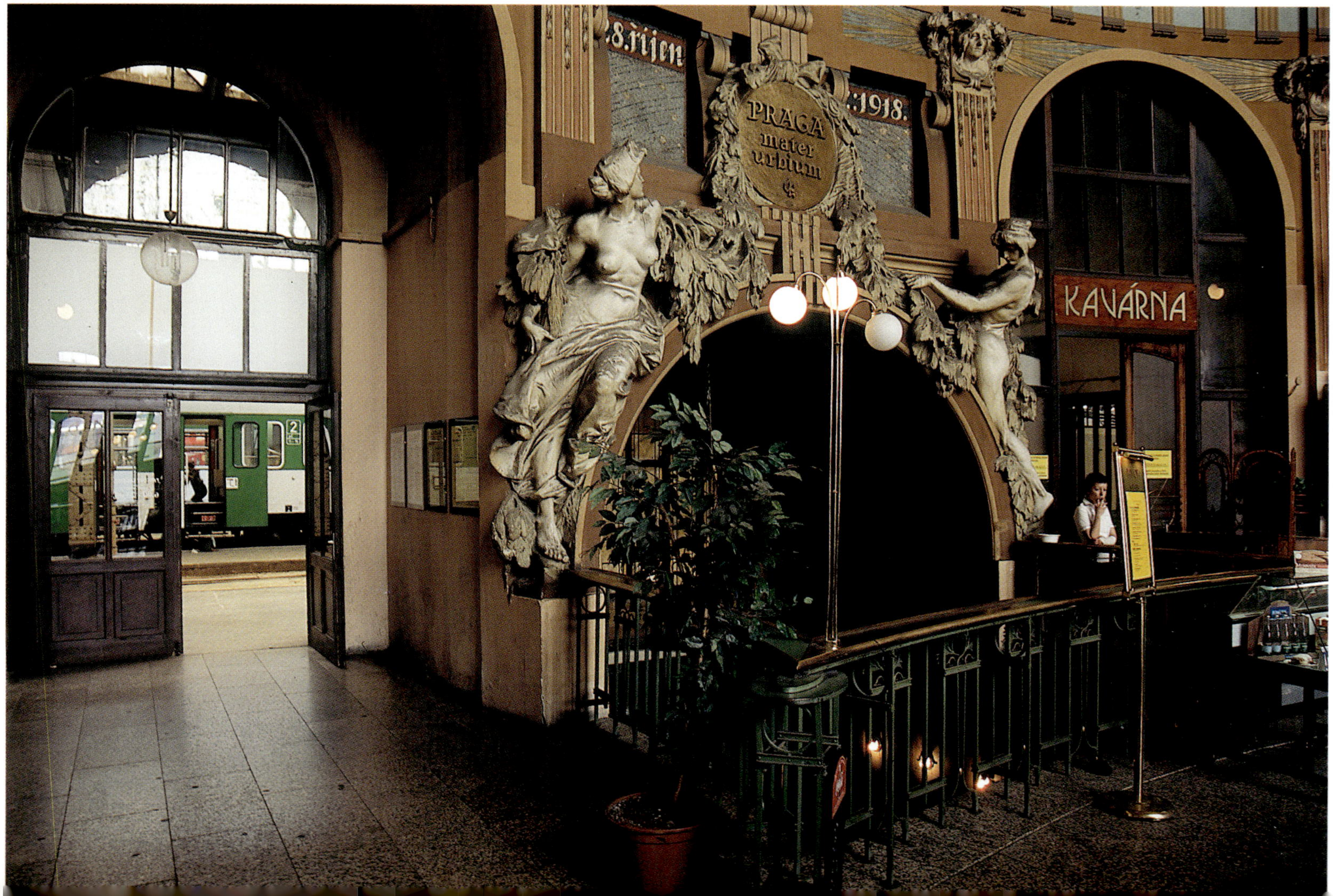
28. říjen
PRAGA
mater
urbium
1918.
KAVÁRNA

Après la Première Guerre mondiale et l'effondrement de l'Empire austro-hongrois, la première République libère encore davantage les styles. On encense les formes massives du rondo-cubisme qui parent la Banque des Légions et on applaudit le fonctionnalisme, à l'entre-deux guerres, qui décore le Palais des Expositions. Derniers élans créateurs avant les ténèbres…

Avec son arcade vitrée flanquée de deux tours, la Gare centrale, élevée entre 1901 et 1909, est l'une des icônes praguoises du style Art Nouveau (page 124) qui a façonné la ville au début du XXe siècle. Les amateurs de décor Sécession iront faire leurs dévotions au café de la gare, le café Fanta, situé au premier étage. Autre monument emblématique achevé en 1996 par l'architecte californien Frank Gehry, l'immeuble baptisé « La Maison qui danse » (page 125), dont les lignes semblent onduler le long du quai Rašín. Au sommet de cet édifice aux allures postmodernes, les fins gourmets se donnent rendez-vous dans l'un des meilleurs restaurants de la ville, La Perle de Prague.

LES CHÂTEAUX DE BOHÊME

La comtesse est de retour à Častolovice

Sous l'ancien régime, avant 1989, l'une des ailes du château Renaissance de astolovice avait été transformée en centre d'apprentissage pour les futurs « bons ouvriers méritants ». Les autres parties du château étaient accessibles pour les habitants de la région (Častolovice se trouve à 130 km à l'est de Prague) et aux écoliers dociles qui venaient visiter « leur » château. « L'État, c'est nous ! », affirmait un ancien slogan communiste. La cour centrale avait été bétonnée par souci de modernité et on enfilait des pantoufles à l'entrée des salons pour ne pas abîmer les biens communs. Les guides d'État récitaient leur leçon dans les enfilades de pièces plus ou moins meublées du premier étage. On faisait une station dans la salle des chevaliers, égayée des portraits de la famille Sternberg (l'une des plus anciennes de Bohême). On racontait comment cette « famille historique » avait acquis le domaine en 1694, on montrait aussi les armes gravées sur les parquets : une étoile à huit branches.

Selon une légende, les Sternberg descendraient de Kaspar, l'un des trois rois mages. Tout ça faisait bien rêver. Mais, curieusement, la vie des Sternberg semblait s'arrêter à la fin du XIXe siècle. Rien, pas un mot, pas une photo sur les derniers propriétaires. Pas de question non plus. Rien sur le départ à la sauvette, avec une valise, le 30 juillet 1948, de Léopold et Cécilia Sternberg, en compagnie de leur fille Diana, âgée de 11 ans. Rien sur les années d'errance et de vache maigre aux États-Unis, rien sur le décès de Léopold, mort en 1957, du chagrin de n'avoir pu revenir chez lui, à Častolovice. Et le temps s'est drapé de velours. De nos jours, c'est tout endimanchés que les mêmes visiteurs, un peu plus vieux, retrouvent « leur » ancien château. Ils le savent, en 1992, l'État a rendu leur *zámek* (château en tchèque) à la petite fille partie avec son ours, le 30 juillet 1948. La petite fille est aujourd'hui grand-mère, elle a 68 ans. Tous ces visiteurs espèrent bien l'apercevoir, on dit qu'elle est comtesse. Le château a aussi changé. Comme un peu plus léger. Vivaldi accueille désormais de ses *Quatre Saisons* les gens de goût qui pénètrent dans la vaste cour d'honneur aux pavés d'antan. Les oiseaux exotiques qui piaillent, la fontaine baroque qui chante, les fresques Renaissance, les parterres de fleurs colorées, le chat noir qui fait le dos rond… Et on se refait le défilé des salles et salons, il faut le reconnaître, mieux meublés qu'autrefois. Et puis il y a ces photos de famille posées ici et là. Le puzzle est reconstitué à Častolovice. Et la comtesse ? Va-t-on la croiser en robe de satin dans le petit salon Empire en train de boire du champagne ? Et non ! Diana Sternberg porte un jean et s'évertue, mains dans la terre de ses jardins, à planter roses anciennes d'Angleterre et lavande française.

« Le communisme a dévalorisé le travail dans notre pays »

Diana Sternberg n'est pas prête d'oublier ces 40 années d'exil. « À 11 ans, on a envie de découvrir le monde et notre départ était pour moi très excitant. Je désirais voir les Indiens et, comme ma tante avait épousé un médecin dans une réserve, je les ai vus ! La vie là-bas ne fut pas facile pour notre famille. Ma mère, qui avait un dynamisme formidable, s'était mise à fabriquer des bijoux en céramique et avait ouvert une modeste échoppe. Comme elle avait le titre de comtesse, on lui a conseillé d'appeler sa boutique "Chez la comtesse Cécilia". J'en avais tellement honte ! Quant à moi, je ne savais rien sur nos biens en Bohême, mes parents n'en parlaient jamais. Ils ne cherchaient pas à fréquenter d'autres Tchèques en exil, qui se plaignaient sans cesse. Mon père est mort en 1957. Il était très pudique mais il devait regretter amèrement Častolovice. Plus tard, j'ai trouvé ma passion dans la décoration d'intérieur en Grande-Bretagne. J'achetais des ruines que je retapais, embellissais et revendais. »

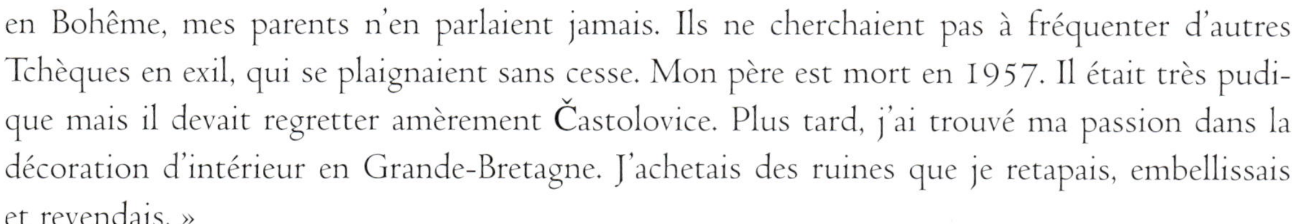

Et ce fut l'éternel retour : « Je suis revenue dans mon pays presque par hasard. En janvier 1989, au cours d'une visite chez ma fille qui vit à Vienne, j'ai croisé le prince Karel Schwarzenberg qui partait à Prague. Je l'ai accompagné. Il m'a d'abord conseillé d'améliorer mon tchèque et il m'a emmenée chez Olga et Václav Havel avec qui je suis devenue très complice. J'ai vécu à leur côté la chute d'une dictature, et ce furent les moments les plus exaltants de ma vie. Comme c'était ma profession, Olga m'a demandé de décorer les intérieurs du château de Prague et de la résidence présidentielle d'été. Côté nostalgie, je dois reconnaître que je n'éprouvais alors pas de sentiment pour la terre tchèque. Mais aujourd'hui, je suis très fière de mes racines ! Les châteaux familiaux de Častalovice et de Zásmuky ainsi que 3500 ha de forêts et de terres agricoles me sont revenus. Je me suis mise au travail en 1992. J'avais enfin une ruine à moi. » Tout était à refaire. « Le château était en mauvais état. J'ai dû chercher une partie du mobilier qui avait disparu. J'ai aménagé des suites au deuxième étage pour éventuellement les proposer comme résidence-hôtel. Mais il n'y a pas encore de tourisme haut de gamme en République tchèque. J'ai aussi redessiné les jardins et le parc, j'ai aménagé un zoo et une réserve de daims blancs et d'autruches. Au début, je pensais que le château pourrait s'autofinancer un jour. De ce côté-là, c'est un échec. J'emploie 50 personnes et j'ai beaucoup de mal à trouver du personnel compétent et enthousiaste qui s'engage et sur qui je puisse compter. C'est ce que je reproche le plus à l'ancien régime : le travail a été dévalorisé par quarante ans de communisme, les Tchèques ne savent plus travailler dans la joie. Et pour moi, c'est le plus important : travailler dans la joie ! Quant à mon pays, ses plus beaux joyaux sont ses châteaux. »

En République tchèque, une soixantaine de châteaux confisqués par l'État communiste en 1948 ont été rendus dans les années 1990 à leurs propriétaires. Souvent d'anciens nobles. C'est peu et c'est beaucoup. Peu, quand on sait qu'il y a plus de 2 500 châteaux essaimés en Bohême et en Moravie. Beaucoup, quand on voit ce qui se passe dans les autres anciens pays du bloc communiste. Où très peu de restitutions ont été engagées. Après plus de quarante années d'exil aux États-Unis et en Grande-Bretagne où elle a acquis une grande renommée comme décoratrice d'intérieur, Diana Sternberg a retrouvé le château familial de Častolovice, à 130 kilomètres à l'est de Prague. Elle est désormais chez elle : « Les châteaux sont les plus beaux joyaux de mon pays. »

Transformé en partie en centre d'apprentissage sous l'ancien régime, le corps de logis principal, égayé de fresques Renaissance, n'a été endommagé que partiellement par quarante années de laisser-aller. Depuis 1992, le château de Častolovice a retrouvé son âme. Dans la cour d'honneur, les piaillements d'oiseaux exotiques et les *Quatre Saisons* de Vivaldi accueillent les visiteurs. Il y a aussi quelques tables où l'on sert d'exquises pâtisseries !
À droite : La chapelle, rehaussée par un autel sculpté en 1601, et l'impressionnante salle des Chevaliers, aux plafonds décorés de vingt-quatre peintures de l'Ancien Testament. Les murs sont couverts des portraits de la famille Sternberg, l'une des plus anciennes de Bohême.

Habitée par les portraits des rois de Bohême et des Habsbourg, la salle à manger (page 132) du château de Častolovice présente des plafonds du XVIe siècle embellis de peintures inspirées des thèmes bibliques. La salle dite « au papier peint », dont le papier mural imite à merveille le cuir de Cordoue, exhibe sur ses plafonds des scènes des *Métamorphoses* d'Ovide, du XVIe siècle, et des parquets originaux.

Après la restitution, Diana Sternberg a dû guerroyer pour retrouver le mobilier original du château familial. La chambre Empire lui rappelle les meubles français auprès desquels ses parents ont vécu. Diana a retrouvé ses souvenirs d'enfance, liés à la chambre des poupées.

Originellement ouverte sur la cour d'honneur, la galerie Renaissance du château de Častolovice ne fut obstruée qu'en 1850, sans doute en raison des hivers frisquets en Bohême (page 136). On y a rangé des meubles et des vitrines baroques. On s'aventure au milieu de peintures du XVIIIe siècle, certaines signées d'artistes français comme Vigeon et Delpek, on y décrypte aussi des portraits de l'école italienne du XVIIe siècle. Les oiseaux pris au piège d'une vitrine baroque sont en porcelaine de Meissen et en vieux Vienne. Le salon doré offre à la vue du visiteur des pastels de Jean-Étienne Liotard et des portraits de la famille Sternberg.

L'HISTOIRE MOUVEMENTÉE DES CHÂTEAUX DE BOHÊME

Fondé en 1292, l'ancien monastère cistercien de Zbraslav, au sud de Prague, servit de sépulture à la famille royale de Bohême. Il abrite aujourd'hui une riche collection consacrée aux arts asiatiques. Et sert de cadre bucolique aux pêcheurs débutants. Au bout de la ligne, une carpe ou un monastère cistercien ?

Les Tchèques raffolent des contes de fée, incontournables des programmes télévisés du soir, juste après les nouvelles. Sur le petit écran, rois ventrus, princesses timides, princes téméraires et dragons malicieux investissent les mêmes décors de châteaux visités, à vélo ou en Škoda, quelques week-ends auparavant. Il faut bien reconnaître que le destin a été généreux pour ces inconditionnels des histoires princières. Leur pays est le premier pays d'Europe en nombre de châteaux par habitant, et les bégaiements de l'Histoire auraient pu inspirer un vrai drame à la Shakespeare.

Acte 1 : C'est d'une part pour se protéger de redoutables voisins, d'autre part par la volonté d'arrogants seigneurs désirant rivaliser avec les souverains de Bohême, que les tailleurs de pierre ont fait naître une telle débauche d'architecture défensive. Au début du Moyen Âge, protégé par d'épaisses forêts, l'actuel territoire de Bohême et de Moravie était aux mains de tribus slaves. Au IXe siècle, le sud et l'est de la Moravie formaient le centre du puissant empire de Grande Moravie. Lui succédant, les princes Premyslides rassemblèrent les tribus tchèques et moraves pour faire naître l'État médiéval de Bohême. Dotés de robustes remparts, les habitats fortifiés appelés *bourgwalls* étaient à la fois résidences des princes, centres administratifs et lieux de vie de la population.

Au XIe siècle, surgissent au sommet d'éperons rocheux les enceintes en pierre rehaussées d'aménagements intérieurs de style roman. La silhouette élancée du donjon fait son apparition à l'intérieur des châteaux. Comme le pouvoir des Premyslides va croissant, la noblesse qui défend ses privilèges conquiert et accapare de vastes domaines familiaux. Le château gothique enjolive le paysage dans la deuxième moitié du XIIIe siècle, plus confortable avec de vastes salles d'apparat. Sous le règne de Přemysl Otakar II, le pays continue de se parsemer en châteaux royaux et seigneuriaux. L'amour courtois et la culture de la chevalerie se développent à cette époque. Les architectes font appel au gothique cistercien bourguignon pour l'édification de forteresses comme Frýdlant, Náchod, Moravský Šternberk et Pernštejn. Dans le même style, les tailleurs de pierre triomphent avec les châteaux royaux de Zvíkov, Křivoklát, Bítov et Orlík.

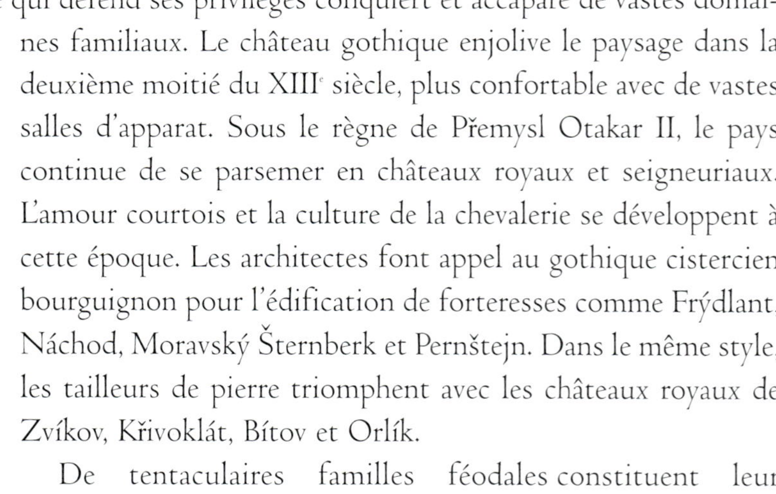

De tentaculaires familles féodales constituent leur domaine : les Beneš font construire Šternberk en Bohême centrale, les Vítek élèvent Český Krumlov en Bohême du Sud, les Markvartic s'établissent à Valdštejn et à Michalovice en Bohême du Nord. Face à ces fiefs, le roi de Bohême invite dans les régions frontalières des émigrés allemands, pour affirmer

son autorité. Au XIVe siècle, les châteaux sont assemblés selon des plans réguliers, les bâtiments s'alignent contre les courtines et les tours forment souvent un seul ensemble avec le palais.

Acte 2 : Fin du Moyen Âge. Les guerres de religion ensanglantent l'Europe et partagent les familles. La bataille de la Montagne Blanche en 1620 sonne le glas de la noblesse protestante tchèque qui quitte le pays. La Bohême tombe dans l'escarcelle de l'Empire autrichien et des Habsbourg. Les châteaux et palais praguois des vaincus protestants sont offerts aux combattants du camp des Habsbourg : les Wallenstein, Schwarzenberg, Longueval de Buquoy, Clam-Gallas…

Acte 3 : Après la Première Guerre mondiale, les possessions des Habsbourg en Bohême et Moravie sont intégrées à l'État tchèque naissant. Les titres de noblesse sont abolis et les grands domaines découpés par une réforme agraire.

Acte 4 : Les années 1930 et la montée du nazisme. Dans les territoires appelés Sudètes, frontaliers avec l'Allemagne et l'Autriche, vivent 3 millions de citoyens tchécoslovaques de nationalité allemande. La majorité se prononce pour leur rattachement à l'Allemagne. En 1938, les accords de Munich abandonnent ces territoires à Hitler qui envahit la Tchécoslovaquie en mars 1939. La noblesse doit choisir son camp. Certains demandent la nationalité allemande. D'autres résistent et refusent. Leurs châteaux sont occupés.

Acte 5 : Après la libération, en représailles des crimes commis par les nazis (360 000 Tchèques et Slovaques morts, 78 000 juifs exterminés) et pour que les mêmes causes n'entraînent jamais plus les mêmes conséquences, les Allemands des Sudètes sont expulsés du pays (à l'exception de ceux qui s'étaient clairement prononcés contre le nazisme). Les biens des nobles ayant demandé la nationalité allemande sont confisqués par application des décrets du président Beneš. Les autres nobles demandent la restitution de leurs biens mis de côté par les nazis.

Acte 6 : En 1948, après la prise du pouvoir par les communistes, le nouvel État s'approprie biens, immeubles et châteaux. Les nobles sont contraints de s'exiler. Ceux qui choisissent de rester sont traités comme des parias.

Acte 7 : La restitution des biens après 1991. Après la Révolution de Velours en 1989, l'Assemblée fédérale tchécoslovaque a voté, le 21 mai 1991, la loi de restitution des biens nationalisés en 1948 : immeubles, usines, châteaux, terrains et forêts. Trois conditions pour en profiter : être citoyen tchèque, vivre en République tchèque et posséder les titres de propriété. Beaucoup plus large que dans tous les autres pays de l'ex-bloc communiste, cette loi a concerné des milliers de Tchèques, les registres des cadastres faisant loi. Au total, une soixantaine de châteaux et quelques dizaines de milliers d'hectares de forêts, terrains et vignes, ont été rendus à une vingtaine de familles de l'ancienne noblesse tchèque : les Kinský, Sternberg, Černín, Lobkowicz, Colloredo-Mansfeld, Schwarzenberg, Mensdorff-Pouilly et d'autres.

Le retour des aristocrates

« Quand le bon Dieu veut punir quelqu'un, il lui donne un château », confiait un jour le prince Karel Schwarzenberg, ancien chancelier du président Havel et propriétaire du château d'Orlík, en Bohême du Sud.

Reconvertis sous l'ère communiste en fermes, écoles, centres d'apprentissage, salles municipales avec taverne, asiles, dépôts ou archives, certains domaines ont eu la vie dure. On n'hésitait pas à découper salons Empire et salles de bal, pour des besoins fonctionnels. Plus chanceux, quelque 130 châteaux, les plus prestigieux, furent relativement bien entretenus par l'ancien régime et gardés par des conservateurs appelés « kastelán ». Ouvertes au public, ces propriétés ne désemplissaient jamais, les Tchèques étant de fervents amateurs de rutilants intérieurs. Les classes d'écoles venaient y piailler en semaine et les familles y pique-niquaient joyeusement le week-end. Moins chanceuses, les bâtisses les plus modestes furent laissées à l'abandon pendant quarante ans.

Une fois leur bien récupéré, en application de la loi de restitution votée en 1991, les « anciens nouveaux » propriétaires durent se lancer dans un véritable jeu de piste pour mettre la main sur le mobilier original de leur domaine, souvent déplacé dans d'autres résidences moins bien fournies. Certains meubles avaient aussi été volés. Côté rentabilité, ce sont les milliers d'hectares de forêts rendus qui, grâce à la coupe du bois, ont permis d'engager de vastes travaux d'embellissement.

Quand un vicomte rencontre un autre vicomte…

Comme des milliers d'autres Tchèques, l'ancienne noblesse a recouvré légitimement ses propriétés, après des dizaines d'années d'exil. Certains, qui avaient préféré demeurer dans la République socialiste, ont vécu quarante années de frustration et de mise à l'index. C'est le cas de **Maximilián Wratislav**, descendant de la glorieuse dynastie des rois de Bohême, les Premyslides. Quand les biens de la famille furent pris, il s'est reconverti en chauffeur de bûcherons de ses propres forêts. « Après 1948, on ne pouvait conserver que 50 ha de terrains pour l'exploitation. Mais comme les machines et les chevaux étaient confisqués, on a dû abandonner la ferme », expliquait-il. Ruiné, traité comme un paria, il a même passé sept mois en détention provisoire, accusé de « sabotage de la construction du socialisme ». Son délit ? Lors d'une perquisition à son domicile, les policiers avaient trouvé des pièces détachées de tracteur !

Élégant ministre conseiller de l'ambassade de l'ordre de Malte, toujours tiré à quatre épingles, **Hugo Mensdorff-Pouilly** n'aime guère évoquer ces quarante années de triste parenthèse qu'il passa à n'exercer que des petits métiers. Contrairement à ses frères et sœurs, il décida de demeurer dans son pays après la confiscation en 1948 du château familial de Boskovice dont s'enorgueillit la Moravie. « Bien sûr, il n'était pas question pour moi de faire des études », raconte ce francophone au parlé franc. « Le baccalauréat m'était refusé. C'était comme ça. Dans notre malheur, nous étions un peu chanceux. Mes parents purent habiter dans un appartement du château et moi-même je pouvais y résider occasionnellement. » S'exprimant dans un français presque parfait, ce descendant de la noblesse française n'a pas oublié ses racines : « Commandant d'un régiment royal, mon ancêtre comte de Pouilly, qui ne souhaitait pas terminer ses jours sous la guillotine française, choisit l'exil en Allemagne avec sa femme et ses deux fils. Ces derniers s'engagèrent alors au service de l'Empire romain germanique. » La famille prit le nom de Mensdorff-Pouilly. Les descendants mâles firent de brillantes carrières dans l'armée autrichienne. « Nous avons toujours conservé la pratique du français, langue de la diplomatie et de la noblesse. Quand mes parents ne voulaient pas que leurs enfants comprennent leurs propos, ils se parlaient en français. Et nous l'avons appris tout naturellement. » Nommé vice-consul à Paris entre 1990 et 1994, Hugo Mensdorff-Pouilly est un grand-père comblé. À 75 ans, il partage son temps entre sa tendre Moravie à gérer son château restitué et ses bureaux de l'ordre de Malte à Prague.

Nové Město nad Metují.

La majorité des anciens nobles choisirent d'émigrer à l'étranger dans les années 1950 en abandonnant tout derrière eux. Ils étaient encore des enfants quand ils ont fui la terre tchèque, à l'arrivée des communistes. Ils sont rentrés au pays, dans les années 1990, adultes ou grands-parents. Et de nos jours, ces princes, comtes et comtesses se reçoivent volontiers pour partager leurs expériences, évoquant les tracas financiers de la remise en état de leurs biens ou leur vie passée à l'étranger. Pour **Josef Marian Bartoň**, c'était le Canada. En 1991, il a définitivement quitté Toronto pour les maisons à pignon, les églises baroques et les paysages ondoyants de la Bohême de l'Est. Oubliées les gaufres au sirop d'érable. Place à la bière et au plat de porc, choucroute et knedlíky. Posé sur la paisible placette Renaissance du village de Nové Město nad Metují, le château familial qu'il avait laissé à l'âge de 7 ans, en 1949, l'attendait sagement. Josef Marian Bartoň se l'est réapproprié avec sa famille et préside à la destinée d'usines de textile, de 2 000 ha de forêts et de 50 ha de terres agricoles.

Ancien chercheur INSERM à l'hôpital Saint-Antoine, Radslav Kinský, issu d'une des plus anciennes familles de Bohême, a réinvesti le château familial de Žďár en Moravie, en compagnie de son épouse Thamar et de leurs enfants. À environ 75 km au nord-ouest de Brno, l'abbaye cistercienne de Žďár et son musée du livre raviront les amateurs d'Histoire.

La famille Lobkowicz est étroitement liée à la destinée des pays de la couronne de Bohême. Bettina Lobkowicz, qui a suivi son mari Jiří Lobkowicz sur ses terres de Bohême retrouvées en 1992, gère la restauration du domaine familial de Mělník. À une trentaine de kilomètres au nord de Prague, les fastueux intérieurs et les caves à vin du château font le bonheur des visiteurs.

Radslav Kinský, dont les racines tchèques remontent au XIIIe siècle, a opté pour la France où ses parents avaient émigré en 1948. Pour cause de service militaire, il resta d'abord au pays passé aux mains des communistes. À son retour de l'armée, il exerça pendant six ans la fonction de palefrenier dans les écuries du château familial nationalisé de Chlumec, avant de travailler comme assistant à l'Institut de Biologie Expérimentale. Comme il avait d'autres ambitions, il participa deux fois à des chantiers de construction de la jeunesse socialiste et fut décoré en tant que travailleur d'élite. Ce qui lui permit d'entreprendre des études vétérinaires. En 1958, il a pu retrouver ses parents en France où il fonda une famille et partit à l'assaut de titres universitaires : doctorat à l'Université Paris VI – Pierre et Marie Curie, études poussées en immunologie et en génétique. Chercheur INSERM à l'hôpital Saint-Antoine, il devint directeur de recherche à la maternité Baudeloque. Ensuite, l'Histoire l'a rappelé sur ses terres de Moravie. Installé avec sa famille dans la résidence d'été du château de Žďár, il s'active à la destinée d'un riche patrimoine : 6 000 ha de forêts, 130 ha de terres agricoles, une ferme, un magasin avec dix employés et 52 lacs remplis de carpes frétillantes.

« Habiter un château, c'est peut-être très romantique, mais il y fait bien froid en hiver ! ». Jovial, direct, parlant français sans accent (tout comme l'anglais, l'allemand et le tchèque), **Jiří Lobkowicz** dirige une société praguoise d'investissement qu'il a fondée et qui fait travailler 35 personnes. Son épouse, Bettina Lobkowicz, supervise avec énergie et élégance la restauration du patrimoine retrouvé : trois châteaux dont celui de Mělník, 2 000 hectares de terres, dont 120 hectares de vigne et 700 ha de terres agricoles. La famille vit en Bohême depuis le XIVe siècle. « Nous avons dû nous exiler en 1948 », raconte Jiří Lobkowicz. « Mon père a recommencé des études d'économie en Suisse où je suis né. » Après des études d'économie en Suisse où il a rencontré son épouse et une carrière dans les finances dans ce même pays, puis en Grande-Bretagne, en France et à Monte Carlo, il rejoint la toute nouvelle République tchèque en 1990. « Sans penser à la restitution, nous sommes venus créer une société dans un pays qui s'ouvrait, le nôtre. Je ne parlais plus un mot de tchèque. » S'engageant dans la politique, il fut d'abord conseiller au gouvernement entre 1990 et 1992. « La restitution est intervenue en 1992 », explique-t-il. « C'était un cadeau empoisonné. Nous n'avions que deux mois entre le vote de la loi de restitution du mobilier et la remise des lettres de demande. Nous n'avons pu retrouver que 30 à 40 % du mobilier original de notre château de Mělník. J'ai ainsi découvert que sous l'ancien régime, tous les bustes de Napoléon et souvenirs napoléoniens avaient

été rassemblés au château de Slavkov (connu en France sous le nom d'Austerlitz). De nombreux meubles avaient été soit détruits, soit vendus par les communistes. Ils n'ont pas osé toucher aux tableaux les plus précieux, mais l'argenterie a été fondue et la porcelaine vendue. Pendant des années, les diplomates étrangers s'en mettaient "plein les poches" et repartaient avec des camions remplis de meubles. Côté mentalité, le pays avait aussi bien changé. En exil, mon père était devenu très philosophe et avait pris beaucoup de distance vis-à-vis des biens matériels et de l'Histoire. Décédé en 1995, il est enterré dans la chapelle familiale du château rococo de Hořín. Mais il a suivi les étapes de la restitution. Pour lui, le plus triste était de ne plus reconnaître son peuple. »

Avant 1989, le château de Dobříš servait de havre de paix aux membres de l'Union des écrivains tchécoslovaques. Après six années de procédure, il est revenu en 1997 dans le giron de la famille de **Jérôme Colloredo-Mansfeld** qui habite en Autriche. Rehaussée d'un fastueux parc à la française, la demeure est un modèle de restauration réussie : façades fraîchement repeintes, toits mansardés refaits à l'ancienne, allées du parc savamment dessinées, plantations fournies, bosquets coupés au cordeau. Ingénieur des forêts, Jérôme Colloredo-Mansfeld a pris en main le devenir des forêts rendues et la société de coupe du bois qui compte 200 personnes. « Nous avons dû adapter le rendement pour une meilleure rentabilité. Nous travaillons à perte, tant l'entretien du château est un gouffre financier. C'est notre devoir d'entretenir le bien de nos ancêtres. »

Les jardins « à la française » du château de Dobříš (Bohême centrale).

Née princesse de Rohan, la **comtesse Marguerite de Kottulin** vit des jours tranquilles en Autriche. C'est au volant d'une Škoda Oktavia qu'elle traverse volontiers la frontière pour reprendre avec bonheur les routes de campagne qui conduisent à l'ancien château familial de Sychrov. Elle y vécut une jeunesse heureuse. Pour elle, aucun espoir de restitution, aucune rancune non plus. « Après la Révolution française, les Rohan quittèrent définitivement la France et leur Bretagne natale. L'un de nos ancêtres avait été guillotiné, un autre fusillé sous Napoléon. La famille échoua d'abord en Belgique, puis en Bohême où elle acheta le château de Sychrov en 1820. Comme la Bohême faisait alors partie de l'Autriche, les Rohan prirent tout naturellement la nationalité autrichienne. En 1945, notre château nous a été enlevé par l'État tchèque, suite aux décrets Beneš. J'ai abandonné à regret Sychrov en 1945, j'avais 22 ans. »

Aux beaux jours, cette élégante grand-mère, née en 1923, n'a qu'une idée en tête : que le château, son château, soit rutilant. Elle s'y emploie avec énergie grâce à l'association des amis de Sychrov qu'elle a fondée avec les habitants des villages alentour. Des concerts sont donnés dans les salles d'apparat pour subventionner les travaux de réfection. Quand elle annonce sa venue au château, elle est toujours reçue comme une invitée de marque par le couple de kastelán gestionnaires. Elle peut alors encore une fois revoir le décor de sa jeunesse et la splendide collection des peintures de ses ancêtres.

Ancien fief des Rohan, le château de Sychrov (Bohême du Nord) offre à voir une captivante exposition de peintures françaises liées à la famille.

L'arbre généalogique de la famille Sternberg remonte au XIIe siècle. Ouvert au public, le château de Český Šternberk, à une cinquantaine de kilomètres au sud-est de Prague, a été rendu à Zdeněk Sternberg.

C'est dans son château médiéval niché sur un pic rocheux au sud de Prague et en famille que **Zdeněk Sternberg** a fêté en 2003 ses 80 ans. Une vraie fête avec plein d'invités et beaucoup d'émotion. « J'ai vécu des dizaines d'années en exil à Vienne et je ne pensais jamais revoir le château où j'avais passé mon enfance », résume-t-il. Le petit miracle eut pourtant lieu en 1992. « La première fois que j'y suis retourné, j'ai ressenti une grande émotion en retrouvant les craquements du parquet de ma chambre d'enfant. Les intérieurs du château avaient assez peu souffert des vols. » Avec un arbre généalogique qui remonte au XIIe siècle, les Sternberg sont l'une des plus anciennes familles tchèques, l'une des plus reconnues aussi. Comme beaucoup d'autres nobles aussi loyaux vis-à-vis de la nation tchèque, le père de Zdeněk Sternberg avait signé sous l'occupation nazie une déclaration refusant de se soumettre, adressée au Président tchèque. En retour, les nazis avaient imposé un gestionnaire qui s'installa au château pour préparer sa confiscation. La famille avait le droit d'accéder uniquement à quelques pièces.

La deuxième confiscation eut lieu en janvier 1949. « Tout s'est passé dans la grande salle à manger », raconte encore le comte Sternberg, « des cadres du parti communiste sont venus de Prague pour signifier à mes parents qu'ils devaient partir du château. Il y avait aussi les cadres régionaux du parti qui nous défendaient, rappelant que nous avions refusé de collaborer avec les nazis pendant la guerre et que nous avions toujours aidé la population. » Même si tous leurs biens furent mis de côté, ses parents eurent la permission exceptionnelle de rester à vivoter dans deux pièces du château, comme gérants. Quant à Zdeněk qui avait fait des études d'avocat, il a dû passer cinq années de service militaire dans les mines. Ensuite, comme il ne trouvait pas d'emploi en raison de ses origines, il se contenta, tout comme le futur président Havel, d'un emploi de machiniste dans un théâtre d'opérettes praguois entre 1956 et 1968. Il émigra ensuite avec femme et enfant à Vienne où il devint directeur général adjoint d'un groupe alimentaire. De nos jours, Zdeněk Sternberg gère ses avoirs : le château qu'il habite, ouvert au public, 1 700 ha de forêts, 300 ha de terres agricoles, un autre château, une ferme, un lac. Et pas le temps de se reposer sur ses lauriers : « Tous les revenus des terres sont accaparés dans la restauration du château et de son mobilier. »

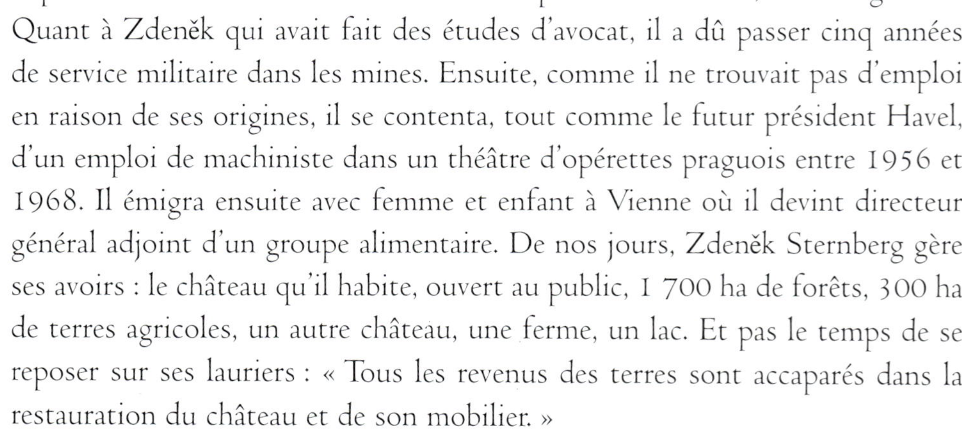

Même constat pour **Jiří (Georges) Sternberg**, nouveau propriétaire du chatoyant château de Jemniště délicatement posé dans un paysage amène, au sud-est de Prague. À 35 ans, il a hérité de la demeure d'une grande tante et se veut réaliste. « Avec ma femme et mes enfants, nous n'habitons qu'une aile du château, ce qui représente un grand appartement », raconte le jeune châtelain qui ne cache pas des impressions mitigées sur le bonheur de posséder, enfin ! : « La remise en état de la propriété nécessite un labeur continu. Et nous ne sommes jamais tranquilles avec les visiteurs qui défilent à longueur de journée. Le vrai bonheur consisterait peut-être à s'isoler et vivre dans une petite maison nichée au fond de notre forêt. On y pense doucement. Peut-être dans dix ou vingt ans. » Pour vivre heureux, même en Bohême, mieux vaut donc vivre cachés…

L'affaire Kinský

Une autre affaire de restitution fait régulièrement la une des journaux praguois. Elle concerne František Oldřich Kinský, descendant direct d'une famille de la haute noblesse tchèque. Celui qui vit en Argentine depuis qu'il a quitté le pays à l'âge de 7 ans réclame les biens de sa famille, confisqués après la guerre en application des décrets Beneš. Son père, décédé en 1938, aurait selon les historiens pris la nationalité allemande et ouvertement collaboré avec le régime nazi. Il se serait même engagé personnellement pour le rattachement des territoires frontaliers tchèques des Sudètes à l'Allemagne. Ses propriétés ont été confisquées par l'État après 1945. De nos jours, l'argument des avocats du descendant Kinský est simple. Son père étant décédé en 1938, bien avant l'invasion nazie et bien avant les décrets Beneš, František Oldřich Kinský, alors âgé de 2 ans, a tout naturellement hérité. Et on ne pouvait, en aucun cas, accuser un enfant d'une quelconque collaboration... Les décrets Beneš ne pouvaient donc pas s'appliquer. Kinský doit donc retrouver ce qui lui appartient. Pas question, rétorquent les procureurs tchèques : « Père et fils avaient la nationalité allemande. Leurs anciennes propriétés ne peuvent être aujourd'hui restituées. » Alors, Tchèque ou Allemand ? « Tchèque », affirme František Oldřich Kinský, à qui la mairie de Prague a récemment accordé la nationalité tchèque. « Illégal », a rétorqué le ministre de la Culture qui avance que le préposé à la mairie a simplement fauté. L'argument ? Un certificat de nationalité ne peut s'obtenir que dans le lieu de la dernière adresse permanente de l'intéressé (Kinský n'habitait pas Prague). L'affaire est en cours. Pas moins de 157 plaintes on été déposées, concernant la restitution de châteaux, fermes, collections de tableaux, dizaines de milliers d'hectares de forêts, de terrains, et surtout l'incomparable palais Goltz-Kinský qui trône sur la place de la Vieille Ville, à Prague. La somme des domaines réclamés est estimée à un montant de 1,3 milliard d'euros. Cinq procès ont déjà été remportés par les avocats de Kinský et quelques morceaux de terrain lui sont déjà revenus. La cause de l'ancien prince de Bohême ne fait guère l'unanimité, ni parmi la noblesse tchèque, ni auprès des Praguois qui commencent à trembler pour leur beau palais rococo, siège de la prestigieuse Galerie Nationale.

Étrange destinée. C'est depuis le balcon du palais Goltz-Kinský que Klement Gottwald annonça l'avènement du communisme. C'était en février 1948...

Trônant à Prague sur la place de la Vieille Ville, le palais Goltz-Kinský exhibe sa chatoyante façade rococo. Sa demande de restitution à une branche de la famille Kinský fait l'objet d'un long procès qui a défrayé la chronique en 2005.

Page 144 en bas :
Les bassins et les jardins du château de Jemniště (Bohême centrale) accueillent les visiteurs.

La Bohême de l'Ouest

Quel bonheur de partir à la découverte de cette Bohême de l'Ouest pleine de rondeurs ! On se laisse guider sur des routes de campagne où défilent des paysages rivalisant de couleurs et de gaîté. On fait le plein de sensations en apercevant une église baroque ou un château oublié (page 147, celui de **Žinkovy**). Après la visite des monastères de Kladruby et de Teplá, on passera par la localité de **Sokolov** (ci-dessous).

Proches de la frontière allemande, les incontournables villes thermales sont comme des grains de beauté posés dans un décor altier. Autrefois lieu de villégiature de l'aristocratie européenne, nouvellement investie par les Russes, **Karlovy Vary** exhibe ses immeubles « fin de siècle » et son église orthodoxe.

La Bohême est terre de légendes. L'une des plus épiques conte la fondation de **Karlovy Vary** par Charles IV, lors d'une chasse au cerf dans les forêts giboyeuses entourant la ville fortifiée de Loket. Ayant flairé un élégant cervidé précipité dans un ravin, la meute de chiens du roi de Bohême tomba en arrêt devant un exubérant geyser. On aime à imaginer le noble personnage descendre de cheval et, au milieu de ses seigneurs, boire avec délectation quelques gorgées du précieux nectar. Mais la légende n'en dit mot. Quoi qu'il en soit, le lieu-dit Horké Lázně (les thermes chauds) deviendra Karlovy Vary, « les sources chaudes de Charles ». On l'inaugure en grande pompe au XVIIe siècle. L'affaire est sérieuse, les premiers curistes avalent jusqu'à 70 verres d'eau ferrugineuse par jour. L'aristocratie européenne se l'approprie au XVIIIe siècle. Très friands des rasades médicinales, les Allemands, qui la fréquentent en nombre, baptisent la ville Carlsbad. Viennent y jubiler les célébrités comme Schiller, Beethoven, Chopin, Paganini et Goethe qui y fera quinze séjours. « Carlsbad est le rendez-vous ordinaire des souverains »,

BRNO

notera Chateaubriand lors d'une halte en 1833. Les classes moyennes prennent le relais pour y prendre les eaux au XIXe siècle. Dernier épisode, sous l'ancien régime, quand l'État offrait des cures de remise en forme aux personnes âgées et aux plus fragiles, pour leur faire oublier les « petites acidités » d'une politique difficile à digérer. C'était le temps où les dignitaires du parti s'échappaient de Moscou pour être chouchoutés à l'Hôtel Impérial qui trône toujours dans les hauteurs de la cité. Les Russes (nouveaux riches) qui n'ont pas oublié l'adresse, ont acquis, ces dernières années, de somptueux immeubles et de grandioses villas restaurées à grands frais.

Avec ses colonnades au charme désuet, son légendaire Grandhotel Pupp et ses immeubles Art Nouveau, la ville soucieuse des modes s'est constituée autour du paysage montagneux de la vallée de Teplá. Avec de bonnes chaussures, on peut explorer de fond en comble une riche nature qui décline hiver comme été toutes les gammes de couleurs.

Un *kalíšek* en porcelaine à la main (nom du récipient caractéristique rempli d'eau ferrugineuse), on chemine à Karlovy Vary dans un lacis d'élégants repères balisés : achevée en 1881, la colonnade d'où les sources sourdent depuis les tréfonds et l'Établissement des Bains (ci-dessus). Les plus chanceux iront s'y faire dorloter.

Les amateurs d'ambiance rétro prendront une suite au Grandhotel Pupp, tout fier de son théâtre rococo reconverti en salle de séminaire. Autre choix plein de nostalgie : prendre un bain dans la baignoire de l'empereur François-Joseph (rien que ça) et se faire sécher dans son salon attenant (page 152). Le must !

Les cinéphiles français ont leur imaginaire bercé par Marienbad, en tchèque **Mariánské Lázně**, dont les sources sont connues depuis le XVIe siècle. En dehors des festivals Chopin et Mozart, la ville offre toute l'année son décor amène, fait d'immeubles Art Nouveau s'égrenant au milieu de parcs. Mais son joyau demeure la colonnade néoclassique édifiée en 1889. Un petit verre ?

La plus récente des villes thermales, peut-être aussi la plus coquette et la plus verdoyante, **Mariánské Lázně**, est tracée au milieu d'un bandeau vert de forêts parcourues de chemins de promenades. Idéal pour se refaire une santé. Armés de leur *kalíšek*, l'incontournable petit godet très typique en porcelaine, les habitués commencent la journée sous la colonnade abritant les robinets d'où jaillissent les sources recherchées depuis les tréfonds magiques. On boit et on reboit. Il y en a pour tous les goûts et la réputation des eaux ne date pas d'hier. En 1528, les archives dénombraient une centaine de sources d'eau, minérale, gazeuse, ferreuse, froide. Leur vertu était appréciée déjà au Moyen Âge. À tel point que l'empereur pria les moines de l'abbaye de Teplá de faire parvenir à Prague des échantillons de cette eau revigorante. Les manuels ont retenu le nom du médecin de l'abbaye, un certain Johann Josef Nehr qui procéda lui-même à l'analyse chimique complète et fit édifier le premier centre de soins. Les eaux de Mariánské Lázně (Marienbad en allemand) attirent aussi des gens célèbres, comme l'hypocondriaque notoire Gogol qui, en 1839, – il n'a pas 30 ans –, s'y fait traiter pour « une maladie hémorroïdale remontée sur l'estomac ».

Marienbad (Mariánské Lázně) a plus d'un tour dans son sac pour nous séduire, entre sa colonnade et ses bains revigorants.

À droite : À une dizaine de kilomètres à l'ouest de Karlovy Vary, la cité médiévale de **Loket**, édifiée autour de son château royal, a su préserver son identité moyenâgeuse. Idéal pour une escapade d'un ou deux jours. Une bonne adresse ? L'hôtel Saint-Florian.

Mais la région a d'autres atouts. Bien intégrée au paysage, à 13 km à l'est de la ville, l'abbaye des Prémontrés de Teplá, qui vit une véritable cure de « vocation » suite à la Révolution de Velours, constitue une belle invitation au recueillement.

Goethe affectionnait pour sa part une autre ville thermale, **Františkovy Lázně** qu'il qualifiait de « paradis sur terre ». Il faut dire qu'à 74 ans l'auteur de *Faust* y débuta, en 1823, une histoire d'amour avec la svelte Ulrike von Levetzow, âgée de seulement 19 ans. Fondée en 1793, la localité doit son nom à l'empereur d'Autriche François II. Un assemblage géométrique de quelques rues tracées au cordeau et bordées d'immeubles badigeonnés de jaune « impérial » *kaisergelb*. Les 23 sources soufrées y sont vénérées depuis l'époque médiévale. Pendant des décennies, les habitants, pas prêteurs, ont refusé d'ouvrir leur ville et leurs trésors aux curistes. Les soins se dispensaient à proximité, dans le bourg de Cheb où les porteurs d'eau s'activaient. Il fallut une ordonnance impériale et attendre 1793 pour que la station fut enfin ouverte officiellement.

Abandonnant les villes d'eaux qu'ils trouvent trop guindées, aux Russes et aux Allemands, les Tchèques, écologistes avertis, préfèrent s'aventurer dans la proche réserve naturelle de Soos, sorte de marais riche en sources minérales.

En haut : Le château de **Planá**.
Ci-dessus : Lové dans une boucle de la rivière Teplá, le bourg de **Bečov nad Teplou** offre un ensemble pittoresque avec son château fort Supérieur du XIVe siècle et son château Nouveau dont les fondations sont du XVIe siècle.

Géographiquement, la Bohême de l'Ouest, qui s'enorgueillit de ses villes thermales, apparaît encadrée de robustes massifs montagneux boisés dont le noyau est formé par le bassin de Plzeň. Établie au Moyen Âge, la ville servait de carrefour stratégique sur la route de Prague et des grandes cités de Bavière. Plzeň est désormais encensée par les connaisseurs comme la capitale emblématique et incontestée de la bière, avec la prestigieuse Pilsner Urquell délicieusement amère, brassée ici depuis 1842.

Les plus sportifs trouveront leur bonheur en partant à l'assaut des monts Métallifères « Krušné hory » qui se dressent au nord et à l'est. Ou bien ils s'enfonceront dans la vaste forêt de Bohême. Au sud, la frontière naturelle est faite par la partie ouest du fameux massif de Šumava aux profondes forêts riches en gibier, généreux en réserves naturelles et en lacs de montagne. Historiquement, on signale des colonies slaves dès les IXe et Xe siècles. Contre les incursions des Bavarois, on ajouta au paysage les forteresses de Tachov et de Přimda, qui datent de la première moitié du XIIe siècle. On éleva aussi comme ultime rideau défensif sur l'ancienne route de Ratisbonne l'un des premiers châteaux féodaux du XIIIe siècle, Horšovský Týn, siège des évêques de Prague. Cette zone regorge de forteresses précédant l'arrivée au pouvoir de Charles IV. Après son apogée, les tailleurs de pierre réalisèrent, vers 1360, les mastodontes de Kašperk et Radyně qui devaient servir à la gestion de vastes territoires. À la fin du gothique, surgit le château de Švihov qui hérita des fortifications les plus modernes de son temps.

INFO • CHANGE

Cette partie de Bohême en impose pour ses traditions révolutionnaires liées au mouvement hussite jadis bien implanté à Plzeň, Tachov et Domažlice. Cette ravissante ville, qui mérite amplement une visite, était habitée par le peuple libre des Chod, chargés par les rois, au Moyen Âge, de surveiller la frontière sud-ouest de la Bohême. Quand les Habsbourg abolirent leurs privilèges après la guerre de Trente Ans, les fiers Chod, qui portaient dans leur emblème une fameuse tête de chien, symbole de fidélité et de vigilance, se soulevèrent. On punit leur chef Jan Sladký Kozina en l'exécutant en 1695.

Après le gothique, la Renaissance a égrené quelques résidences comme Kačerov, sorti dans les années 1539-1558 des plans de Florián Gryspek de Gryspach. Les exemples baroques sont plus fournis, aérés avec des jardins symétriques, une cour d'honneur et des intérieurs harmonieux. Originaire de Plzeň, Jakub Auguston montre ses talents à Dolní Lukavice, Malešice et **Nebílovy** dont l'aimable château campé en plein bourg fut tiré de l'abandon et restauré récemment. De grands artistes étrangers ont aussi apporté leur génie au baroque, comme Jan Santini Aichl à qui l'on doit le château de Manětín et les plans de l'église du cloître de Kladruby (1717-1726). Un peu au sud de Františkovy Lázně, la ville de **Cheb** s'est développée sur le site d'une ancienne place forte slave portant la marque de l'empereur Frédéric Ier Barberousse. Ce dernier résolut de faire ériger entre 1180 et 1190 un château fort roman doté d'une chapelle. On le flanqua de fortifications baroques entre 1665 et 1700. Il n'en reste que des tours démantelées. Aujourd'hui, on vient de loin à Cheb pour arpenter, le nez en l'air, la place centrale rehaussée d'une ribambelle de maisons gothiques, Renaissance et baroques se serrant les coudes. L'Histoire retiendra qu'Albrecht de Wallenstein y fut assassiné en 1634.

On ne regrettera pas de laisser de côté la ville de Plzeň pour s'attarder, un peu au sud, dans le bourg de **Nebílovy** qui s'enorgueillit de son château baroque, d'une rare élégance, connu sous le nom de « Château fleuri ». Restaurée en 2005, la bâtisse du XVIIIe siècle revient de loin. En 1850, on l'avait transformée en brûlerie d'alcool, puis on y éleva des vers à soie. Servant de dépôt sous l'ancien régime, ses deux élégants corps de logis à arcades étaient en bien piteux état, il y a encore quelques années.

Autre échappée pleine de caractère, la pittoresque ville fortifiée de Loket qu'on surprend engoncée dans une forêt noire, un peu au sud-est de Karlovy Vary. Les documents les plus anciens citent **Loket** en 1334 quand Charles IV et sa mère Eliška y furent maintenus prisonniers par leur père et mari, Jean de Luxembourg. Étrange famille ! Les visiteurs qui débusquent ce petit bourg médiéval piqué sur un rocher et enserré dans un méandre de l'Ohře, tomberont sous le charme, comme Chateaubriand en son temps. Au milieu de l'un des plus beaux décors moyenâgeux de la contrée, ils pourront trouver un refuge de caractère dans l'un des hôtels de charme logés sur la place centrale, au Saint-Florian ou au Goethe. Ils se hasarderont à loisir dans les venelles d'un autre temps à la découverte des vestiges des fortifications urbaines des XVe et XVIe siècles, du bel hôtel de ville achevé en 1687 et du château fort érigé au XIIIe siècle.

Même si sa remise en état n'est pas terminée, ce petit château propose des intérieurs simples mais lumineux, avec des peintures du XVIIIe siècle d'Antonín Tuvora (qui se chargeait aussi de la peinture des portes et fenêtres !) et des lustres de Venise en verre clivé.

La destinée du château de **Kynžvart**, posé dans un parc de 300 hectares lui servant d'écrin, se confond avec l'Histoire et la carrière du chancelier et prince de Metternich, qui hérita du domaine en 1818. Dans les années 1820-1839, l'architecte viennois Pietro Mobile se chargea de la reconstruction du domaine.

À quelques encablures de Mariánské Lázně et de la frontière avec l'Allemagne, le luxuriant parc de 300 ha qui sert d'écrin au château de **Kynžvart** déploie ses charmes au fil des saisons. L'ancienne demeure du chancelier Klement de Metternich s'impose dans toute la splendeur de son architecture Empire. Sans doute pour protéger son territoire, le roi de Bohême Přemysl Otakar II avait fait édifier sur le site, au XIIIe siècle, un premier château fort. Qui céda la place, au XVIe siècle, à une demeure Renaissance pour les seigneurs de Cedvice. Après la bataille de la Montagne Blanche, c'est la famille de Metternich qui prit possession des lieux. En 1818, le prince Klement de Metternich qui œuvra pendant quarante-sept ans au service des empereurs d'Autriche, François Ier et Ferdinand Ier, hérite du domaine et le confie à l'architecte viennois, d'origine italienne, Pietro Mobile. Ce dernier lance un nouveau train d'embellissements entre 1833 et 1839 selon les plans de Metternich, adepte du classicisme viennois. Né le 15 mai 1773 à Coblence en Allemagne, Klement Václav Lothar de Metternich commence sa carrière diplomatique comme ambassadeur à La Haye, puis à Dresde, Berlin et Paris, où il s'installe le 4 août 1806. Il a 33 ans. Très vite, son élégance et son raffinement deviennent incontournables des salons parisiens. Habile diplomate, surpassant parfois Machiavel, sachant faire alliance avec Talleyrand lui-même, l'élégant ambassadeur attend son heure, conscient que l'œuvre de Napoléon est « immanquablement condamnée ». Même si, le 6 juillet 1809, la victoire de Wagram marque l'apogée de la France, Metternich a compris que les Français sont fatigués des guerres qui s'enchaînent. Pour gagner du temps, il n'hésite pas à livrer l'archiduchesse Marie-Louise, fille de l'empereur d'Autriche, à Napoléon qui vient de répudier sa première femme, Joséphine.

Plus vaste pièce du château, la salle d'apparat, qui reçut la visite de têtes couronnées, se distingue par une élégante réplique d'*Amour et Psyché* d'Antonio Canova et un portrait de l'empereur d'Autriche François Ier, grand maître de l'ordre de la Toison d'Or.

Autre bel espace du château de Kynžvart, la bibliothèque en acajou du prince Richard Clément, fils et héritier du chancelier. Plus de 6 000 livres portant sur la littérature didactique de la deuxième moitié du XIX siècle sont rangés dans les rayonnages portés par un superbe parquet : on y détecte quatre types de bois poli. Mais c'est la bibliothèque du chancelier qui est l'endroit le plus précieux avec ses 230 incunables, 160 manuscrits et quelques très anciens atlas.

SCENO
SYSTEMATIS
PTOLE
GRAPHIA
MVNDANI
MAICI

PLANISPHÆRIVM
Sive
MVNDI TOTIVS
TYCHONIS
PLANO
BRAHEVM
Structura
EX HYPOTHESI
BRAHEI IN
DELINEATA
MARS MARTIS CIRCVLVS
IVPITER IOVIS CIRCVLVS
SATVRNVS SATVRNI CIRCVLVS

Les vingt-cinq pièces du château de Kynžvart sont nourries des souvenirs de Metternich, souvent des présents reçus pendant sa longue carrière diplomatique : services en porcelaine et pharmacie de campagne. La salle à manger fera des envieux. Outre les éternels portraits de la famille du chancelier, on s'écarquille les yeux sur un service doré et des plateaux miroirs fabriqués par la maison parisienne Thomire. Autre trouvaille, un service en porcelaine de Sèvres.

Kozel se cache bien. Au bout d'un chemin forestier au sud de Plzeň, posé dans un parc à l'anglaise, Kozel (le « bouc » en français) tient davantage du pavillon de chasse que du château. Et pour cause. À la fin du XVIIIe siècle, il servit de résidence campagnarde au comte Černín, grand veneur à la cour de l'empereur Joseph II. Nationalisé en 1945, il fut choisi sous l'ancien régime pour montrer le passage du rococo au style Empire, de la bibliothèque à la salle à manger du matin où s'étale un ensemble de porcelaine de Vienne.

Quand le Congrès de Vienne consacrera la victoire de l'Europe sur la France, un grand éclat de cette victoire ressurgira sur Metternich. Ministre des Affaires étrangères en 1809, anobli en 1813, chancelier en 1821, il recevra l'ordre de la Toison d'Or, suprême reconnaissance de la famille des Habsbourg. Il incarnera l'homme d'État le plus influent et le plus redouté de toute l'Europe. Mais le 13 mars 1848, une émeute révolutionnaire à Vienne aura raison de sa carrière dont les souvenirs parsèment les entrailles du château. Le petit salon d'Égypte offre son style Empire à quelques précieux vestiges donnés par le vice-roi d'Égypte Muhammad Ali. Dans un cercueil noir, on surprend dans son sommeil la momie du prêtre égyptien Ken Amon, gardien du trésor du pharaon Thoutmosis III (XVIIIe dynastie, XVe siècle avant J.-C.). Une vraie mine de surprises avec une captivante collection d'amulettes égyptiennes et 24 volumes de la *Description de l'Égypte* datant des premières fouilles archéologiques. Dans le petit salon de malachite émergent d'autres présents reçus par Metternich, une série de vases de malachite de Russie et des tables à plateaux marquetés en *pietra dura*. Le petit salon Bleu est voué à l'univers napoléonien. Une tapisserie immortalise le sacre de Napoléon dont quelques cheveux sont religieusement conservés dans une vitrine. Un arrêt s'impose dans la bibliothèque du chan-

celier que les connaisseurs classent parmi les plus complètes de la République tchèque, avec plus de 24 000 volumes. Parmi les pièces les plus rares, 230 incunables et 160 manuscrits dont un fragment unique d'un Ancien Testament de la fin du VIIIe siècle. On déniche aussi, classés sagement dans un rayonnage, un lot d'*Illustration* daté de 1858 et une série d'*Essais sur les Mœurs* de Voltaire.

Plzeň mérite mieux que ses faubourgs tristounets, avec son noyau historique soigné et sa grande place distillant son charme à travers maisons gothiques, Renaissance et baroques, façades décorées de sgraffites signées Mikoláš Aleš. À une quinzaine de kilomètres au sud-ouest, en lisière de forêt, on s'imprègne de l'allure provinciale du délicat château de **Kozel**, bien agencé dans un parc à l'anglaise. Cette résidence campagnarde nobiliaire de la fin du XVIIIe siècle, disposée autour d'une cour centrale, invite à la rêverie. On s'aventure avec délectation dans l'enfilade de salons et de chambrettes meublés rococo et Louis XVI. On y repère d'incontournables collections d'éventails, d'armes de chasse et d'instruments de musique. On

aurait vraiment envie de poser ses valises quelques jours dans cette campagne pour vagabonder entre le cabinet des hommes, la salle à manger du matin, la chambre des invités pour hommes et le cabinet gris. Tout un programme !

À n'en pas douter, son premier propriétaire, le comte Jan Vojtěch Černín de Chudenice, grand veneur à la cour de l'empereur Joseph II, devait détester les glaciales forteresses gothiques. Kozel est charme et douceur. Devenue propriété des Wallenstein, la maison tomba, comme beaucoup, dans le giron de l'État tchèque en 1945, en application des décrets Beneš. Restée ouverte à la visite sous l'ancien régime, la demeure n'a souffert ni de l'abandon ni du laisser-aller. Ayant été choisi pour symboliser le passage du style rococo à l'Empire, on avait simplement amputé Kozel du tiers de son mobilier original pour le remplacer par des meubles provenant d'autres châteaux, qui convenaient mieux. Kozel n'a pas fait table rase du passé. Née au château, citoyenne autrichienne, Sophie Hartig-Wallenstein vient régulièrement se ressourcer dans la demeure douillette de son enfance.

Aux beaux jours, on aurait bien envie de s'installer quelques jours à Kozel. Dans la salle à manger, on dégusterait un bon chocolat chaud dans une fine tasse en porcelaine de Holíč et on irait lire ensuite les articles des décrets Beneš, confortablement assis dans le salon appelé « salon de représentation », au milieu de peintures murales de la mythologie antique. Un cigare ?

À Kozel, on est loin des forteresses austères ou des châteaux Renaissance qui essaiment la Bohême. L'ambiance est ici légère et campagnarde, du fumoir au boudoir, de la salle de billard au salon Bleu. Cheminer dans ce lacis de pièces égayées des peintures murales signées Antonín Tuvora, de la fin du XVIIIe siècle, est une vraie récréation.

La Bohême du Nord

Les Praguois, sans doute un peu trop fiers, ne chérissent pas la Bohême du Nord qu'ils estiment abandonnée à la chimie et aux mines à ciel ouvert. Comme ils ont tort ! Aux confins du pays, aux frontières avec l'Allemagne et la Pologne, la Bohême du Nord révèle une forte personnalité et une singulière beauté. On rencontre une nature généreuse où est logée une escouade de châteaux qui ont survécu aux outrages du temps et des hommes. Abandonnant à regret le château de Mělník et les coteaux de vignes plantées par Charles IV, on suit la direction de Teplice, au nord de Prague, en programmant une récréation à **Litoměřice**. L'âme de cette ville royale, fondée en 1230, s'entrouvre à travers le pittoresque de sa grande place aux remarquables maisons gothiques, Renaissance et baroques. Quelques édifices religieux élancés truffent les quartiers anciens comme l'église de Tous-les-Saints, la cathédrale Saint-Étienne et l'église des Jésuites de la Vierge Marie parée d'un campanile gothique assez exubérant. Les paysages alentour sont d'une douce sensualité. Selon la légende tchèque la plus racontée aux enfants des écoles, c'est autour du mont Říp, un peu au nord, sur le massif central de Bohême, que l'ancêtre Čech vint s'établir avec sa tribu, séduit par ces paysages à perte de vue où « coulent le miel et le lait ». L'Elbe, qui serpente entre des campagnes plantureuses et les débris de donjons, relie par son tracé serpentin la Bohême du Nord à Prague et à la mer du Nord. La région est tapissée d'un épais manteau de forêts d'épicéas d'où émergent de fiers massifs. Bien équipés, les plus sportifs exploreront autour de Děčín, ces étranges canyons creusés par les eaux depuis des millions d'années.

Tous les bons écoliers tchèques connaissent l'ancêtre Čech. Conquis par les paysages de la Bohême du Nord où « coulent le miel et le lait », le premier des Tchèques serait venu s'établir avec sa tribu sur le légendaire mont Říp. Les roches basaltiques de Prácheň (page 175), au nord de Česká Lípa, ne sont pas mal non plus ! Cette région a de quoi nous épater avec de robustes châteaux et des villes chargées d'Histoire. Les petits hôtels et les pensions de Litoměřice (à droite) se prêtent merveilleusement à une halte.

Si vous cherchez **Frýdlant** sur une carte, pointez plein nord, après Liberec. Aux confins du pays, à quelques encablures de la Pologne, Frýdlant en impose, entre château fort gothique avec pont-levis échoué sur une roche basaltique et palais Renaissance décoré de sgraffites.

Montagneuse et fortement boisée, la zone frontière de **Liberec** regorge d'étonnantes formations de grés appelées Český Ráj. Avec de robustes chaussures de marche, on ira à la rencontre de cet environnement surprenant, les yeux en l'air, à la recherche de ces insensés cônes basaltiques qui donnent aux choses un aspect épique. Dès le XIIIe siècle, les plus hauts d'entre eux servaient de monture à de puissantes forteresses comme le château royal de Bezděz et les possessions seigneuriales de Ralsko et de Tolštejn.

Nappé dans les épais brouillards de novembre, la citadelle de **Frýdlant**, à quelques kilomètres au nord de Liberec, ressemble à un vaisseau de pierre échoué au bout du pays, au bout de la Bohême du Nord. La Pologne et l'Allemagne sont à portée de nuage. Aux temps lointains, les voyageurs se guidaient grâce au brasier allumé au sommet du donjon. Accroché à la pente boisée des monts Jizerské hory, semblant tout habillé de mystère avec ses murailles défensives et son donjon cylindrique, Frýdlant peut se targuer d'être l'un des châteaux les plus démesu-

Clotilde de Clam-Gallas, l'ultime propriétaire du château de Frýdlant, vivait principalement à l'étage des « dames », voué à un embellissement romantique du salon de musique à la chambre Bleue. Le bleu était la couleur préférée des Clam-Gallas, qui furent chassés en 1945 par l'État tchèque par application des décrets Beneš. Ces derniers prévoyaient de confisquer les biens de ceux qui avaient pris la nationalité allemande pendant la guerre, ou qui avaient collaboré avec les nazis.
Page 179 : En haut, la salle à manger Renaissance. En bas, la chambre Bleue, avec un curieux canapé appelé « trutzkanape » (canapé à faire la tête). Les couples qui s'étaient disputés pouvaient s'y asseoir, en boudant ou en se réconciliant.

rés du pays. Sitôt passé le pont-levis et le porche, on part courageusement à l'assaut du mastodonte, assemblage insensé d'un château fort gothique du XIIIe siècle et d'un palais Renaissance du XVIe siècle. La force et la douceur. Le premier, dressé sur une roche basaltique, était le fief de la famille de Ronovic. Mais ce sont les seigneurs de Biberstein, propriétaires pendant trois cents ans, qui décidèrent de l'aile Renaissance rehaussée de sgraffites. Vendu ensuite à un Allemand de Silésie, Friedrich de Redern dont le fils Melchior se rendit célèbre en combattant les Turcs, Frýdlant tomba dans le giron du fantasque Albrecht de Wallenstein, en 1622. Il passa ensuite entre les mains des comtes de Gallas qui firent entourer le château d'une enceinte baroque et procédèrent à des aménagements romantiques aux alentours de 1870. La dernière descendante, Clotilde de Clam-Gallas, vécut au château jusqu'en 1945. Le château fut ensuite accaparé par l'État tchèque en application des décrets Beneš, la famille ayant opté pour la nationalité allemande.

Un escalier niché dans le château fort du XIIIe siècle conduit au donjon, la plus ancienne partie de Frýdlant. On y allumait des brasiers, il y a bien longtemps, pour guider les voyageurs en route vers la Pologne. Dans les étages, plusieurs galeries de portraits rendent hommage aux seigneurs qui ont vécu ici. Il y a la salle des Redern, celle entièrement consacrée au redouté Albrecht de Wallenstein, et la salle des Chevaliers (ci-dessus) où l'on fait connaissance avec les Gallas.

Aujourd'hui, la visite en pantoufles raconte à merveille une Histoire mouvementée, à force de portraits, de trophées de chasse, d'uniformes, de collections d'armes et des 220 pipes d'Édouard de Clam-Gallas. Au bout d'escaliers pentus, on s'abandonne aux ambiances Renaissance faites de salles voûtées, de plafonds à caissons et de vaisselle en étain. Ailleurs, on déniche une salle de bains du dernier cri, début du XXe siècle, et une cuisine équipée de céramiques du XIXe siècle. De précieuses trouvailles ponctuent l'étage dit « des dames », entre la salle à manger et les chambres bleues, couleur préférée des Clam-Gallas. Dans le salon de musique romantique à souhait, avec ses motifs floraux mangeant l'espace, des rideaux aux murs et aux plafonds, on s'apitoie sur une curieuse anamorphose, petit portrait de Clotilde, jeune ou vieille, en fonction de l'inclinaison. De retour à la cour d'honneur, on oublie le falbala romantique en accédant à la chapelle Sainte-Anne fondée à la fin du XVIe siècle. Deux autels, l'un catholique, l'autre protestant, y furent placés comme pour adoucir les blessures de l'Histoire.

Jouxtant la salle à manger du château, la chambre des Armoiries nous renseigne à l'aide de blasons sur les familles qui se sont succédé à Frýdlant : les Ronovic, les Redern, les Wallenstein et les Gallas.

Quant aux cuisines, elles conservent
un lot de céramiques du XIXe siècle.

Au hasard de la visite du château de Frýdlant, on décrypte les douceurs de la Renaissance venue d'Italie et les duretés des épisodes de l'Histoire de la Bohême. Revêtue de lambris, la « salle à manger des dames » est pourvue d'un poêle très original et de deux secrétaires incrustés d'ivoire. L'armurerie, dont les plafonds portent les blasons des seigneurs de Redern, rappelle des temps barbares, la guerre de Trente Ans et les guerres hussites.

Un peu au nord-ouest de Turnov, réputé dans la taille de pierres précieuses, les visiteurs français ne seront pas déçus de s'arrêter devant la silhouette romantique du château de **Sychrov**, ancien fief d'une branche de la famille de Rohan qui avait fui la Révolution Française. Qui le sait ? La bâtisse est nourrie d'une fantastique collection de peintures et de quelques rutilants intérieurs.

La région est bien fournie en vestiges de pierre. Si Kost, l'ancienne propriété des Vartenberk, ne passe pas inaperçue avec ses murailles élevées à l'époque de Charles IV, d'autres châteaux sont creusés dans la roche gréseuse, comme celui de Sloup, non loin de la localité de Česká Lípa, selon une ordonnance liée au terrain. On débusque alors un tarabiscotage de couloirs et de salles très originales. Les châteaux Renaissance sont rares dans les parages, outre le château d'eau de Česká Lípa qui n'a conservé qu'un riant pavillon de plaisance. L'épopée architecturale baroque qui suit la bataille de la Montagne Blanche voit la reconstruction des châteaux de Zákupy et de Lemberk. Plus tard, les paysages romantiques attirent les architectes de la fin du XVIIIe siècle alors qu'au XIXe siècle, on adapte en néogothique des châteaux comme **Sychrov**, non loin de Turnov. Ce château baroque des années 1690-1693 fut acquis au début du XIXe siècle par la famille de Rohan qui avait quitté la France après la Révolution. D'abord remaniée en style classiciste, la bâtisse prit des allures romantiques grâce à l'architecte de la cour princière des Rohan, Joseph Pruvot. En 1856, Camille de Rohan s'adressa aux sculpteurs

Petr et Dominik Bušek pour donner forme aux projets de Pruvot. Un nouveau train d'embellissement intérieur fut lancé en 1914 par Alain de Rohan, abandonnant le néogothique pour le fonctionnalisme, plus à la mode. On s'offre un bel interlude en cheminant dans ces intérieurs abondant en décors, arrangements et coffrages en bois sculpté. Suivant la mode des collections qui prévalait au XIXe siècle, la galerie de portraits raconte à merveille l'histoire de la lignée des Rohan. Sychrov a su préserver son identité avec ces 240 peintures du XVIe au XIXe siècle, signées par des maîtres français, hollandais, italiens et tchèques. Une vraie mine d'or. La propriété a été nationalisée par l'État tchèque en 1945, comme le stipulaient les décrets Beneš. Les derniers Rohan qui résidaient au château avaient sept filles. L'une d'entre elles, Marguerite, aujourd'hui comtesse de Kottulin, demeure en Autriche. Très alerte malgré ses 81 printemps, elle revient de temps en temps au château pour œuvrer, avec l'administration tchèque, à la restauration des intérieurs où elle passa sa jeunesse. Sans regrets, ni rancune.

Le néogothique est certes un peu intimidant. Vraiment pompeux ! À Sychrov, les archives parlent d'un premier fort dressé au XVe siècle à l'emplacement du château. Un train d'embellissement est décidé dans les années 1830 par Charles Alain de Rohan. Mais c'est son successeur, Camille, de la branche Rohan-Guéménée, botaniste de renom, qui donnera au château son cachet romantique dans les années 1850. Les aménagements intérieurs assez « british », remontant à cette époque, ont été façonnés sur les plans du Français Joseph Pruvot, architecte à la cour princière des Rohan.

Afin d'embellir le château de Sychrov, Camille de Rohan fit appel au sculpteur tchèque Petr Bušek pour mettre en forme les projets d'aménagement intérieur de Joseph Pruvot. S'attaquant d'abord à l'escalier d'honneur, le génial artisan mit plusieurs années pour venir à bout de la grande salle à manger dans un style néogothique caractéristique. Après 1864, il remania aussi les intérieurs de l'appartement royal dans l'aile ouest.

Oscillant entre tradition italienne et modèle français, l'architecte bourguignon Jean-Baptiste Mathey a exécuté dans la deuxième moitié du XVIIe siècle quelques édifices marquants : l'église Saint-François, qui parade sur la place des Croisés à Prague, et le palais Trója, dans ses faubourgs. En Bohême du Nord, outre les plans du château de Duchcov, il signe la façade du château de **Červený Hrádek,** un peu au-dessus de Chomutov, bien rénové aujourd'hui. Quant au château de **Libochovice** (ci-dessous), on le doit à Antoine della Porta, maître du baroque tchèque.

Plus à l'est, aux abords de la ville industrielle d'Ústí-sur-Elbe, les premiers châteaux ont été façonnés au XIIIe siècle, comme celui de Roudnice, ancien palais épiscopal. La proximité de la Saxe a influencé l'architectonique de la fin du gothique qui a imprégné certaines constructions, comme Chomutov orné de superbes fenêtres Renaissance et le château de Krupka. Quand le gothique cède le terrain à la Renaissance, émerge le château de Benešov nad Ploučnicí, agencé sous les seigneurs de Salhausen. Si le XVIIe siècle n'a guère marqué la région, on retrouve certains grands maîtres du baroque tchèque comme Antoine della Porta à qui l'on doit le château de **Libochovice**. Dans le même style, ce sont les élèves de l'architecte bourguignon Jean-Baptiste Mathey qui ont sorti de leurs cartons les plans du château de **Červený Hrádek**. Un peu plus tard, la période rococo a attiré d'éminents spécialistes comme l'architecte Broggio qui a laissé son empreinte au XVIIIe siècle au château de **Ploskovice**.

Le conservateur du château est l'auteur des sculptures en bois placées dans les cours et intérieurs, qui font le bonheur des habitants de la région.

À l'est de Litoměřice, le château de **Ploskovice**, reconstruit après 1720, sert souvent de décor à des cinéastes étrangers en quête d'ambiance rococo. La bâtisse, qui présente un beau mouvement, offre un curieux décor de grottes et des peintures murales d'artistes tchèques reconnus : Reiner et Navrátil.

Petite ville un peu grisâtre au sud de Teplice, **Duchcov** excite l'imaginaire quand on apprend que Giovanni Casanova vécut les treize dernières années de sa vie comme bibliothécaire au château baroque qui embellit la localité. Un musée a été aménagé dans ses anciens appartements privés, au premier étage : deux pièces où il rédigea ses passionnantes mémoires intitulées *Histoire de ma vie*. Il n'y évoque nullement sa vie à Duchcov, où il subit les altercations avec les domestiques du comte Wallenstein, dont la famille avait acquis la propriété en 1642. La salle de bal rassemble une belle collection de peintures de la lignée des Wallenstein.

Plus proche de nous, l'ère classique a métamorphosé le château Renaissance de Teplice élevé sur les ruines d'un cloître roman. Jacques Casanova de Seingalt, plus connu sous le nom de Casanova, venait y rendre visite à la comtesse de Clary, fille du prince de Ligne, fidèle ami de l'écrivain voyageur. Casanova avait été engagé comme bibliothécaire par le comte de Wallenstein dans son château de **Duchcov**, petite localité nappée de grisaille. Giacomo Casanova (1725-1798) y passera les treize dernières années de sa vie. Un émouvant musée a pris la place des modestes appartements où il rédigea ses mémoires intitulées *Histoire de ma vie*. Ce sont d'abord les Lobkowicz qui, après 1527, cédant aux canons de l'architecture italienne, aménagèrent sur un bastion du XIIIe siècle un palais Renaissance à aile unique. Le château passa ensuite entre les mains des Wallenstein par le mariage de Maximilien Wallenstein avec Marie Lobkowicz, en 1642. La mode était au baroque. Jan Bedřich Wallenstein entama un nouvel aménagement en 1675, s'appuyant sur les esquisses du Français Jean-Baptiste Mathey qui ajouta deux ailes. La métamorphose dura près de soixante ans et mit à la tâche les plus grands architectes et décorateurs baroques de leur temps, le peintre Václav Vavřinec Reiner et le sculpteur Matyáš Bernard Braun. Ce dernier, génial auteur de certains groupes sculpturaux du pont Charles, exécuta les quatre statues mythologiques qui ornent le porche de la cour d'honneur du château. Reiner s'appliqua, quant à lui, aux fresques du plafond de la salle principale, qui glorifient Henri

C'est le fameux Reiner qui se chargea de la fresque du plafond de la salle de bal du château de Duchcov. On y voit Henri de Wallenstein présenter ses vingt-quatre fils au roi de Bohême Přemysl Otakar II. Tout un programme ! Les Wallenstein ont vendu le domaine à l'État en 1921. Ci-dessus, la bibliothèque.

Les faubourgs de Turnov abritent le château de **Hrubý Rohozec** qui, comme beaucoup d'autres après 1620, passa entre les mains du vainqueur de la bataille de la Montagne Blanche, le comte Albrecht de Wallenstein. En 1628, ce dernier le vendit au colonel Nicolas Des Fours en 1628, originaire de Lorraine. En 1822, on remania les intérieurs dans un style néogothique empreint de romantisme.

de Wallenstein présentant ses vingt-quatre fils au roi Přemysl Otakar II. Une nouvelle conception classique des intérieurs et du jardin fut concoctée dans les années 1812-1818 sous la direction d'Adam Wallenstein. Ses héritiers, qui tiendront en main les rênes du château jusqu'en 1921, le vendront finalement à l'État.

De nombreux témoignages évoquent la vie peu enviable de Casanova au château de Duchcov, plus cabot que jamais, en proie aux disputes avec le personnel de Wallenstein. C'est une véritable guerre qu'il déclare au majordome Feltkirchner et au courrier Widerholt. Ami loyal, le prince de Ligne décrira longuement ces empoignades : « Le cuisinier lui avait manqué la polenta, l'écuyer lui avait donné un mauvais cocher pour venir me voir, des chiens avaient aboyé pendant la nuit ; plus de convives qu'en attendait Wallenstein étaient cause qu'il avait mangé à une petite table. Un cor de chasse avait déchiré ses oreilles par quelques sons aigres ou faux. Le curé l'avait ennuyé en s'avisant de vouloir le convertir. Le comte ne lui avait pas dit bonjour le premier. La soupe, par malice, lui avait été servie trop chaude. Un valet l'avait fait attendre pour lui donner à boire. Il n'avait pas été présenté à un homme de considération... Le comte avait prêté un livre sans l'en prévenir. Un palefrenier ne lui avait pas ôté son chapeau en passant. Il a parlé allemand, on ne l'a pas entendu. Il s'est fâché, on a ri. Il a montré ses vers français, on a ri. Il a gesticulé en déclamant des vers italiens, on a ri. Il a fait la révérence en entrant, comme Marcel le fameux maître de danse le lui avait appris il y a soixante ans, on a ri... ».

Casanova meurt à Duchcov, « regrettant assez peu la vie » selon les dires du prince de Ligne : « Mais il la finit noblement vis-à-vis de Dieu et des hommes. Il reçut avec de grands gestes et quelques sentences les Sacrements et dit : "Grand Dieu, et vous témoins de ma mort, j'ai vécu en philosophe, et je meurs en chrétien" ».

Au sud de Liberec, caché dans les faubourgs de Turnov, la découverte du château de **Hrubý Rohozec** est captivante à plus d'un titre. La grande salle à manger ravira les amateurs de néogothique flamboyant et la petite bibliothèque enchantera les fins lettrés avec plus de 10 000 volumes se serrant les coudes. Dans la grande bibliothèque, une guirlande de portraits évoque la famille Des Fours, originaire de Lorraine. Côté architecture, cet ancien château fort du premier gothique des années 1300, remodelé en gothique tardif, a changé de visage vers 1600, pour adopter une forme

Nous sommes au cœur du château de Hrubý Rohozec. La grande bibliothèque ressemble à une galerie de portraits, avec les membres de la famille Des Fours, derniers occupants des lieux jusqu'en 1945. Non, vous n'aurez pas accès aux ouvrages liés à l'Histoire militaire, la généalogie et l'aéronautique.

Aux murs de la petite bibliothèque du château de Hrubý Rohozec, des portraits de la famille Des Fours forment une galerie de personnages d'une rare homogénéité. Au-dessus de la porte, on lève les yeux sur une toile rappelant à l'aide d'allégories tous les âges de la vie. On complète la promenade néogothique par la salle à manger aménagée en 1840. Et toujours les portraits de famille : Nicolas et Albrecht Des Fours.

Renaissance plus charmante. Son aspect actuel remonte à l'époque Empire. La visite met en images quelques épisodes de l'Histoire tchèque et européenne. Fief de familles d'aristocrates tchèques, les Vartemberk, les Krajíř et les Michalovic, le château est « volé » par l'incontournable comte Albrecht de Wallenstein après la bataille de la Montagne Blanche. Mis en vente, il est acquis en 1628 par le colonel Des Fours dont la famille s'y établira pendant plus de trois cents ans, élevant de nouveaux corps de logis et le palais à arcades. Vendue aux nazis, la demeure tomba entre les mains de l'État tchèque après 1945.

Hélas ! en Bohême la visite intérieure des châteaux est rarement libre ! Avec un texte en français (souvent approximatif) entre les mains, on suit généralement un guide tchèque qui parle (bien sûr) sa langue. Et pas question de se faufiler ! N'importe ! Dans l'enfilade de pièces à Hrubý Rohozec, on remarquera dans un coin quelques chaises Louis XVI à côté d'une tapisserie française du XVIIIe siècle, une pendule tchèque du XVIIIe siècle combinant les heures et les jours, un autel Art Nouveau de grande valeur.

Dans le salon Vert du château de Hrubý Rohozec, on tombe en arrêt sur deux beaux tabernacles du XVIIe siècle, faits en Bohême. Superbe !

La Bohême de l'Est

Une envie de grand bol d'air et de montagne à vaches, de sentiers de randonnée et de pittoresques hôtels en bois ? Direction les montagnes de Krkonoše, au nord du pays, à la frontière avec la Pologne. Dans la station de Špindlerův Mlýn ou dans le hameau perché de **Svatý Petr** (page 205), on pourra programmer quelques jours de repos pour se refaire une santé.

La prodigalité de la Bohême ne se limite pas à ses châteaux. En hiver, les inconditionnels de la glisse prennent d'assaut les pistes de Špindlerův Mlýn, la station chic à la frontière avec la Pologne. Désertée en été, la verte montagne est alors prête à accueillir les amateurs de plénitude et de havre de paix. Pour une douce retraite, il faut poser ses valises dans l'un de ces petits hôtels en bois très typiques qui fleurissent dans le hameau tranquille de **Svatý Petr**. Les randonnées sont légion.

Si la Bohême de l'Est coule des jours paisibles, l'Histoire s'y est pourtant bousculée. Sur le chemin de la Pologne, Hradec Králové s'avère être une vraie ville-musée, un labyrinthe à explorer où les amateurs de poésie urbaine se laisseront guider. Obtenant les privilèges d'une ville en 1225, cette dernière s'enorgueillit d'être devenue cité dotale depuis le XIVe siècle, alors dévolue aux reines de Bohême, épouses de monarques défunts. Elisabeth Rejčka, fille du roi de Pologne et épouse du roi de Bohême Venceslas II, y laissera une forte empreinte. On lui doit la construction de l'église du Saint-Esprit, merveille du gothique, et la mise en place d'un atelier du livre

À l'ouest de Hradec Králové, les golfeurs du dimanche investissent le parc du château de **Hrádek u Nechanic**. Les accrocs des ambiances néogothique à la Windsor préféreront faire un « parcours intérieur » qui regorge de surprises. La famille Harrach, qui prend ses origines entre la Bohême et l'Autriche, l'a fait bâtir dans la première moitié du XIXe siècle. François Ernest de Harrach l'a fastueusement meublé d'antiquités et de curiosités amassées lors de ses voyages en Europe. L'aile ouest était réservée aux chambres d'amis, à l'ordonnancement raffiné (page 207 en haut). Dans la salle à manger (page 207 en bas), on peut s'extasier sur un buffet du XVIe siècle, un lustre à huit bras de Venise et des tentures en cuir faites en Belgique au XVIIIe siècle. La vaisselle en étain, les plats de baptême et la céramique datent du XVIe et du XVIIe siècle.

nourri d'enlumineurs de renom. Plus récemment, Hradec sera qualifiée de « salon de la République » quand les architectes Jan Kotěra, le fondateur de l'architecture tchèque moderne, et Josef Gočár doteront ses faubourgs, d'immeubles avant-gardistes de premier ordre, au début du XXe siècle.

Si la nouvelle jet-set tchèque passe à Hradec, c'est pour foncer vers le château de **Hrádek u Nechanic** dont le parc a été transformé en golf. On remplit les trous sans daigner jeter un œil sur cette riante propriété du XIXe siècle. Dommage ! En cheminant dans ces intérieurs somptueux, on se persuade que François Ernest de Harrach, qui fit construire entre 1839 et 1857 cette demeure d'été, devait être un homme de goût. Il collectionnait de précieux objets qui parsèment les salons et engagea une élite d'ébénistes et de sculpteurs pour agencer avec doigté d'incomparables arrangements en bois. Sitôt passé la salle des Chevaliers transformée en galerie de portraits de la dynastie des Harrach, on s'intéresse aux tentures en cuir de la salle dite « dorée ». Rien n'était trop beau pour les Harrach : le salon de Mühlgrube porte le nom du château autrichien d'où proviennent le revêtement en bois des murs et le plafond à caissons.

Ouvrant le « salon pour dames », les fastueuses portes et leurs encadrements témoignent de la virtuosité des ébénistes anglais du XVIe siècle.

Nous sommes dans le salon dit de Mühlgrube, l'un des endroits les plus beaux du château de Hrádek u Nechanic. Mühlgrube est le nom d'un château autrichien d'où proviennent les revêtements en bois aux murs et aux plafonds. Au-dessus de la porte d'entrée, on peut lire la date 1573 à laquelle a été réalisé cet incomparable coffret. La pièce est éclairée par un lustre en forme de sirène créé à Nüremberg au XVIIe siècle. Les chaises proviennent du château de Moritzburg en Saxe.

La salle d'Or était destinée à impressionner les invités reçus au château de Hrádek u Nechanic. Quel luxe ! Les tentures dorées en cuir qui recouvrent les murs ont été dessinées en Belgique au XVIIe siècle. Porté par douze figurines dorées représentant des guerriers romains, le plafond à caissons témoigne du talent des meilleurs artistes de la région. Quant au foyer lambrissé de marbre rouge, il s'agit d'un travail praguois. Placée sur une table, incrustée de marqueterie, une cassette à jeter les dés du XVIIe siècle devrait amuser les visiteurs.

Au hasard de la promenade dans l'enfilade des pièces, on débusque tout un bric à brac somptueux, parfois attachant : cristal de Harrachov et porcelaine de Bohême, faïence de Delft, collection de pipes. Quelques photos posées ici et là parlent des derniers occupants et propriétaires du château, Jean de Harrach et son épouse, expropriés en 1945, en application des décrets Beneš.

À vol d'oiseau, la Pologne est à quelques kilomètres de la localité de **Náchod,** dont la mairie néo-Renaissance (page 212) aime tromper son ennui pendant les marchés qui fleurissent en été la place centrale. Dans les hauteurs, le château attend les étrangers en escapade. Remaniée en style Renaissance avant d'être baroquisée, la bâtisse gothique offre à voir de précieuses tapisseries. Et pour ceux qui hésiteraient encore, les habitantes de la région (en costume traditionnel) sont même prêtes à leur offrir un petit verre de vin local.

La Bohême de l'Est ne cesse de surprendre les curieux par ses châteaux Renaissance, souvent des adaptations de châteaux forts comme **Náchod**, **Častolovice** (1588-1615) (voir page 128), Doubleby (vers 1590) et **Nové Město nad Metují** (deuxième moitié du XVIe siècle). Sillonnée par le cours moyen de l'Elbe dont les plaines fertiles ont formé le cœur même de la Bohême, la région de Pardubice connut l'apogée de sa gloire avec les seigneurs de Pernštejn, originaires de Moravie. En 1491, Vilém de Pernštejn s'appropria Pardubice et fit transformer sa vieille forteresse en château fort.

À environ 150 kilomètres à l'est de Prague, **Litomyšl** doit en partie sa réputation au château Renaissance classé par l'Unesco. La ville elle-même a du caractère et une histoire riche, marquée par deux illustres personnages. Le premier est Vratislav le Magnifique, qui métamorphosa le château en résidence riante de la Renaissance dans les années 1568-1581. Le second est le compositeur Bedřich Smetana, qui naquit ici même. Chaque année, en été, un festival de musique et d'opéra lui rend d'ailleurs hommage.

Plus encore que Pardubice, **Litomyšl** a conservé son tracé médiéval. Autour de la place Smetana, les ruelles imposent charme et mystère, à force de maisons d'un autre âge savamment restaurées et ornées de fiers pignons, de façades bleues ou vieux rose, d'arcades et de sgraffites. Dans les hauteurs, le château témoigne de l'épopée de la ville fortifiée qui commandait, il y a bien longtemps, la route stratégique reliant Byzance (Istanbul) à l'Europe occidentale via Belgrade, Bratislava, Brno et Prague. Litomyšl connut les vicissitudes de l'Histoire : statut de ville en 1259, siège épiscopal en 1344, pillage par les armées hussites en 1425. Au XVIe siècle, elle passe aux mains des fiers seigneurs de Pernštejn. Vratislav dit « le Magnifique », qui a voyagé en Italie et en Espagne, fait accourir les meilleurs architectes et tailleurs de pierre virtuoses du ciseau, pour concevoir le plus magistral château Renaissance de la Bohême. Plus qu'un château, c'est un palais rehaussé d'arcades offertes à la promenade, de style toscan au premier étage, ionique au second étage. Tout est fête pour les yeux comme ce gigantesque

Litomyšl ne manque pas de beauté pour y faire une pause de quelques jours. Les vieux quartiers, sous le château, s'apprivoisent le long de passages secrets et de maisons à pignons, alignées sur la place Smetana. Des hôtels et des pensions de charme vous attendent, quelques restaurants font même des prouesses avec des recettes traditionnelles.

Autant le dire, le château de Litomyšl passe pour être la plus élégante demeure Renaissance de toute la Bohême avec ses façades mangées par les magnifiques sgraffites imitant à merveille la pierre. Dans la cour intérieure, fermée par quatre ailes, d'autres sgraffites sur 2 500 m² reconstituent des scènes de la mythologie.

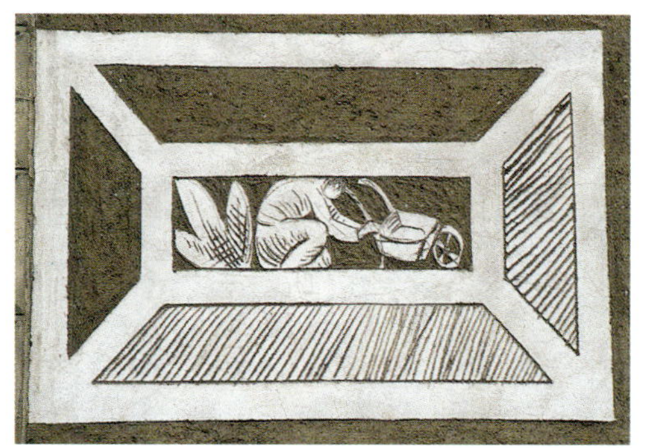

Litomyšl raconte la Renaissance. Tout est lumière dans le « salon des hommes » (page 218 en haut) et dans le salon Empire (page 218 en bas), où une peinture conserve le souvenir de quelques membres de la famille des Thurn-Taxis. Le château s'enorgueillit d'un remarquable petit théâtre baroque édifié en 1797. On sait que les châtelains y jouaient eux-mêmes des pièces légères dans l'esprit viennois, devant leurs amis. Sous le charme !

Dans la salle de réception du château de Litomyšl, reconvertie en salle à manger, on passe en revue une collection de peintures montrant des thèmes liés aux chevaux. Sur la table, on reconnaît la porcelaine de Meissen, Vienne, Berlin et Sèvres.

sgraffite de 2 500 m² qui mange les façades intérieures, racontant les histoires de la mythologie, celles du dieu Mars et de la belle Hélène. On s'aventure avec bonheur dans un lacis de pièces, depuis la salle de lecture en forme de coquille maculée de fresques rococo. On vagabonde dans le « salon pour les hommes » et la chambre Bleue. On s'écarquille les yeux dans la salle d'audience et de réception où la noblesse de Bohême venait valser sous les portraits démesurés de Marie-Thérèse et de François-Étienne de Lorraine. L'Histoire bégaie sur les terres de Bohême. Les Thurn-Taxis, derniers propriétaires de ce chef-d'œuvre Renaissance, virent leur château saisi par l'État tchèque en 1945, comme le prévoyaient les décrets Beneš, pour avoir collaboré avec l'Allemagne nazie. Semblant narguer les tragédies de l'Histoire, le théâtre baroque assemblé en 1797, l'un des quatre du genre qui ont survécu, accueille les enfants sages de la région qui préfèrent les marionnettes à Harry Potter ! Comme ils sont bien ces jeunes Tchèques !

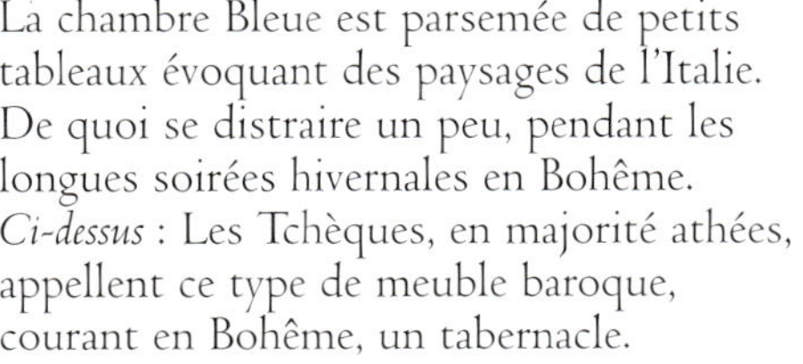

La chambre Bleue est parsemée de petits tableaux évoquant des paysages de l'Italie. De quoi se distraire un peu, pendant les longues soirées hivernales en Bohême.
Ci-dessus : Les Tchèques, en majorité athées, appellent ce type de meuble baroque, courant en Bohême, un tabernacle.

À une vingtaine de kilomètres au nord-est de Hradec Králové, en plein bourg d'**Opočno**, surgit au fond d'une placette pavée à l'ancienne la façade de l'une des demeures Renaissance les plus attrayantes du pays. Car sitôt passé le porche d'entrée, le visiteur tombe sous le charme de ce palais marquant le triomphe d'une époque où l'on succombait aux grâces italianisantes. D'emblée, on est ébloui par l'élégance des trois ailes creusées de galeries à arcades et ouvertes sur la luxuriante vallée du Zlatý potok (Ruisseau doré). Cette maison doit sa notoriété à l'illustre famille des chevaliers Trčka de Lípa qui régnait au XVe siècle sur les châteaux de Náchod et de Nové Město. En compagnie de nobles tchèques et du roi de Bohême Maximilien II, le jeune seigneur Vilém Trčka de Lípa parcourut l'Italie et Gènes en 1551. C'est lors de cette virée qu'il tomba sous le charme du nouvel art de vivre et de construire. En 1560, il décide de faire démolir le bien triste château fort d'Opočno pour le remplacer par un séduisant logis Renaissance achevé en 1567, deux ans seulement avant sa mort. Son successeur Jan Rudolf était protestant, ce qui fut bien mal vu après la bataille de la Montagne Blanche, remportée par les troupes catholiques dirigées par Albrecht de Wallenstein. La propriété échappa de justesse à la confiscation, grâce à l'épouse de Jan Rudolf, Marie-Madeleine de Trčka, qui fit preuve de subtile diplomatie. À tel point que la famille devint très proche du redoutable Wallenstein, général en chef de l'armée impériale.

À qui appartient le château d'Opočno ? Fille du dernier propriétaire, Kristina Colloredo-Mansfeld le réclame depuis des années. Mais l'État tchèque refuse de le lui rendre, arguant que son père avait demandé la nationalité allemande pendant la Seconde Guerre mondiale. Les décrets Beneš doivent rester appliqués. On lui restitua pourtant le château en 2004. Retournement de situation en 2005, la Cour Suprême abolit la décision. Tout est à recommencer !
Cet ancien château fort passa en 1495 aux chevaliers Trčka de Lípa, les plus riches du pays. En 1551, Vilém Trčka revint d'Italie, enthousiasmé par ce qu'il y a vu. Des architectes italiens se mirent à la tâche et ajoutèrent des galeries à arcades. Innovation pour les demeures Renaissance, la cour est ouverte. Suite à un incendie à la fin du XVIIe siècle, les nouveaux propriétaires, les Colloredo, chargèrent l'architecte Allipandri de procéder à des embellissements baroques. On colora les façades et on distilla des stucs ici et là. Le résultat est franchement convainquant. Sauf en hiver. La Bohême est alors bien glaciale, même sous les arcades Renaissance !

Dans cet Empire austro-hongrois, qui engloba les territoires de la couronne de Bohême pendant trois siècles, jusqu'en 1918, la notion d'identité tchèque ne s'exprima vraiment que vers la fin du XIXe siècle. Auparavant, la noblesse de Bohême était tout acquise à la famille des Habsbourg, dont les portraits démesurés sont disposés dans les grandes salles de réception de pratiquement tous les châteaux du pays. Opočno ne fait pas exception. On reconnaît dans la salle à manger (page 225) la collection presque complète des Habsbourg. Il y a Léopold, Charles, Joseph et Marie-Thérèse. Par contre dans la salle de réception (ci-dessus), on fait connaissance avec la famille Colloredo-Mansfeld. C'est dans ce décor que les ennemis de Napoléon, le tsar Alexandre, le prince de Metternich et le roi de Prusse, se sont rencontrés en 1813. La victoire des alliés à Leipzig allait suivre.

Désirant conforter les biens familiaux, Marie-Madeleine acheta même à Wallenstein les domaines de Nové Město nad Metují, Vamberk, Sadová et Heřmanice. Ainsi, les Trčka devinrent la dynastie la plus riche de Bohême.

Mais le destin tourna. Wallenstein en disgrâce fut assassiné. Les biens des Trčka, estimés à 5 millions de florins, furent mis de côté par ordre impérial et répartis entre les fidèles partisans de l'empereur. Opočno fut alors acquis par des Italiens, Rudolf et Jérôme Colloredo-Wallsee dont la famille donna aux pays de Bohême une pléiade de hauts fonctionnaires. En 1775, la famille fut élargie aux Colloredo-Mansfeld. Le domaine composé du château, de 20 ha de parcs, 5 000 ha de forêts et plusieurs fermes, a été rendu en 2004 à Kristina Colloredo-Mansfeld après un long procès. Mais l'État tchèque a fait appel.

D'ordonnance typiquement Renaissance italienne, le château présente un péridrôme en arcades qui s'articule autour d'une cour oblongue. Les intérieurs réservent de bien belles surprises au visiteur. Dans ce lacis de salles et de chambres garnies de

meubles du XVIe au XIXe siècle, il faut s'attarder dans le salon qui a vu défiler en 1813 les représentants de la coalition anti-napoléonienne, le tsar Alexandre, le chancelier Metternich et le roi de Prusse. Comme il ne faut pas manquer d'explorer l'étrange hall africain mangé par les trophées et objets ethnographiques accumulés par Joseph II, lors de ses voyages en Afrique et en Amérique du Nord au début du siècle. Au deuxième étage, on s'aventure dans l'arsenal oriental rehaussé d'armes provenant de Turquie, du Caucase, d'Iran, d'Inde et d'Indonésie, conservées dans leur arrangement original, juste après 1895. S'y côtoient armes de guerre et armes de chasse du XVIe siècle au XIXe siècle. On reconnaît au passage fléaux, haches, hallebardes, cottes de mailles et autres vestiges des guerres hussites.

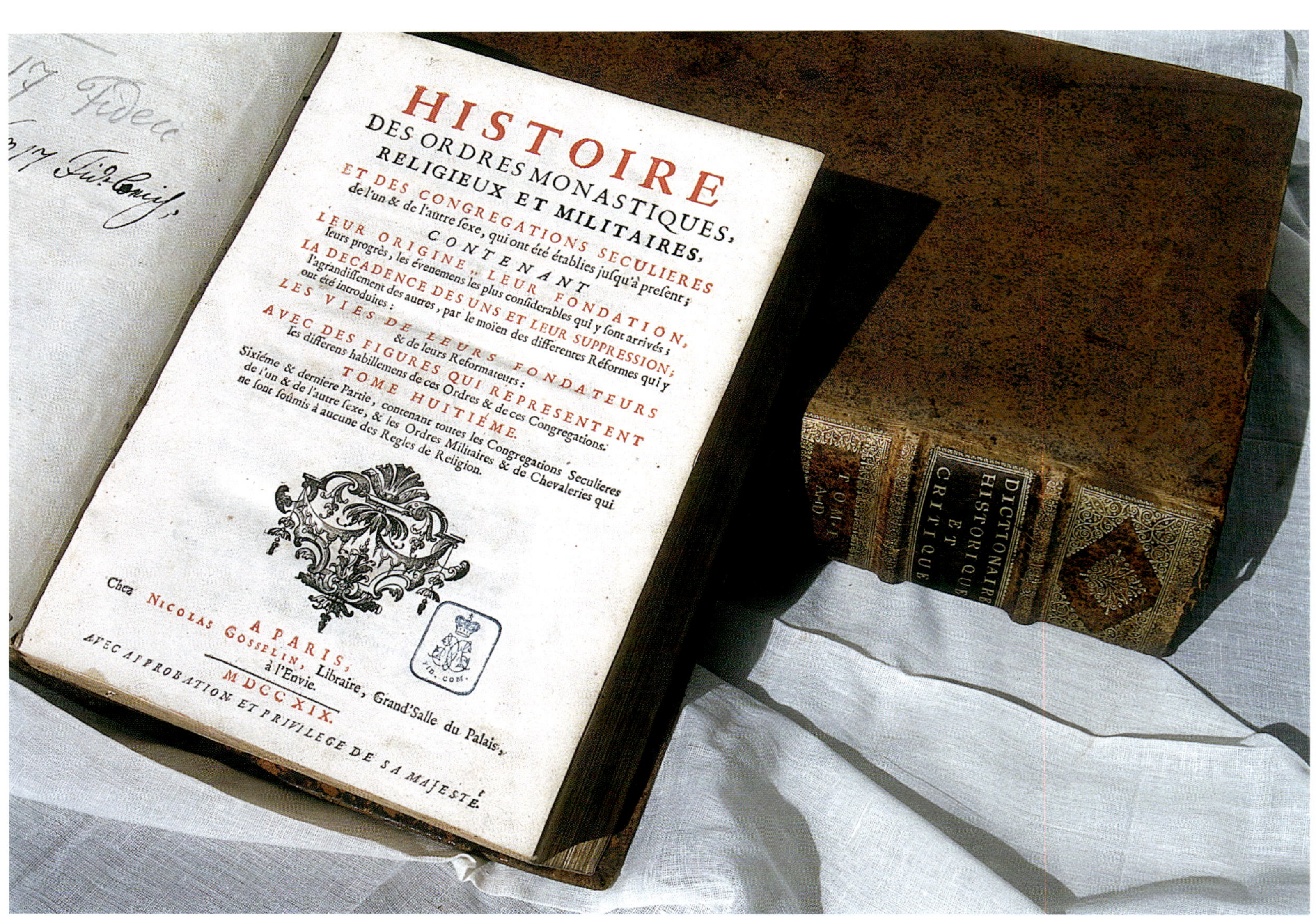

Confisqué en 1948 par l'État, qui l'a ensuite ouvert à la visite, le château d'Opočno fut assez bien entretenu sous l'ancien régime. Comme pour les autres, des inventaires très complets gardaient la trace des objets et meubles d'origine. Dans la bibliothèque, un vieux gréement et 12 000 volumes évoquent les goûts éclectiques des derniers propriétaires, les Colloredo.

On vient de loin à Opočno pour admirer ses collections d'armes anciennes. Les amateurs de fusils, d'uniformes et de trophées trouveront leur bonheur en arpentant la salle de Chasse et l'arsenal. S'y côtoient lances, frondes, armures et fusils de la fin du XVe siècle. Les défenseurs des animaux éviteront ce spectacle bien affligeant ! Ce qui fait aussi l'originalité d'Opočno, ce sont les présentations des armes avec des arrangements originaux du début du XXe siècle.

Sur la route 14 qui file en Pologne, on ne regrettera pas de faire une escapade dans le bourg de **Nové Město nad Metují**, à une quarantaine de kilomètres au nord de Hradec Králové. La placette centrale ne manque pas de charme, bordée de maisons à arcades et égayée par un captivant château hérissé d'une tour-donjon qui se repère de loin. La forteresse unit la rigueur et le plaisir. Les douves sont désormais tapissées par une pelouse bien coupée et d'étranges petits personnages en pierre accueillent les amateurs de contes de fées. En 1991, suite à la loi de restitution, Josef Marian Bartoň a définitivement quitté le Canada où il vivait en paix depuis plus de cinquante ans et son « job » de directeur technique d'une compagnie aérienne. Il s'est réapproprié le château familial avec femme, enfant et petits-enfants. Il a récupéré au passage des usines de textile, 2 000 ha de bois et 500 ha de terres agricoles dont l'exploitation a permis de restaurer la demeure ancestrale. L'aboutissement d'une longue histoire. Après un incendie qui détruisit ville et château en 1526, la famille des Pernštejn s'attache la compétence d'architectes italiens pour façonner une propriété moins austère. Après diverses péripéties, l'édifice aboutit au XVIIe siècle à un noble écossais qui le « baroquise ». À partir de 1908,

Devant les hospices de Kuks, les hôtes étaient accueillis par une rangée de statues érigées par Braun en 1712, douze allégories des Vices et des Vertus. Chacun ou chacune pouvait s'y reconnaître. Une femme avec une corne d'abondance exprimait la générosité. Pour la luxure, une fille se mire dans un miroir mais n'y voit qu'un singe, symbole du péché.

Comme aucun autre, Braun a su enfermer les palpitations de la vie dans des formes incomparables, à Kuks comme à Prague sur le pont Charles. À quelques kilomètres du château, en pleine forêt, on tombe amoureux des personnages de sa crèche de Bethléem, sculptés dans le rocher. Quelle maîtrise !

Le comte Špork était un philanthrope fantasque. Entouré d'une cour qui le suivait depuis son palais praguois jusqu'à ses terres de Kuks, il avait fait réaliser pour les pauvres des hospices qui ont fonctionné jusqu'en 1938. La pharmacie, que l'on peut explorer, délivre des potions depuis 1743. On y déniche une collection de mortiers des XVIe et XVIIe siècles et une série de pots anciens. La fresque au plafond représente une étrange apothéose d'un Christ pharmacien ! Un musée retrace les avancées en matière de médicaments : livres anciens, pharmacie de campagne du XVIIIe siècle et autoclaves de Mathusalem !

À l'origine, deux séries de bâtiments se faisaient face, séparés par l'Elbe. Rive droite, la parade, la cour et son château à deux étages, relié à des bâtiments réservés aux invités de marque. Qui pouvaient parader entre le théâtre, les bains et les thermes souterrains. Rive gauche, semblant défier le château, les fastes et les paillettes, Špork fit édifier un monastère et un hospice pour les déshérités. Seuls les bâtiments caritatifs ont survécu aux assauts du temps et on peut encore s'extasier sur la pharmacie datant de 1734. Il ne reste rien du château, ni du terrain de jeu, ni du luxuriant parc où gambadaient chameaux et animaux exotiques. Rien non plus de la maison des Philosophes jadis dotée d'une bibliothèque de 40 000 livres acidulés des secrets « libri prohibiti », ouvrages interdits par l'Église. À la mort de Špork, son œuvre bienfaitrice lui survécut longtemps grâce à la fondation qu'il avait créée en 1696. Nourrie par les recettes des travaux agricoles du domaine, elle fonctionna jusqu'en 1938. À cette date, une centaine de personnes âgées était encore soignée par l'Ordre des Frères de la Miséricorde.

Si l'on accourt à Kuks aujourd'hui, c'est pour s'extasier sur la plus fabuleuse galerie de statues en plein air signées Braun, remarquables allégories des Vertus et des Vices, plus réalistes et expressives les unes que les autres. Au milieu d'une forêt, à 3 km de Kuks, au bord du bourg de Žireč, on débusque les vestiges de son émouvante crèche de Bethléem, taillée dans les rochers. Peut-être le plus puissant témoignage de son génie.

CORPUS
PHARMACEUTICO
CONCORDANTIA
EDITIO TERTIA

OPIUM THER
SANG DRACON
MUMIA VER
DENT CASTOR

CORT LIG SANG
PULV CASCARIL CORTIC
PULV SEPIAE OSS

PULV INSECT

Extr. Tarax

La Bohême du Sud

Avec ses paysages de campagne, la Bohême du Sud est une formidable promesse de bonheur. Les églises baroques sont posées dans des écrins de champs de colza, le foin se ramasse encore en vrac et les fermettes à pignon sont colorées comme des bouquets.

Une fermette baroque à pignon, vieux rose où jaune citron, avec un bout de terrain. Le tout à restaurer dans un hameau perdu en Bohême du Sud. Les Praguois ne rêvent que de cela et ne parlent que du « baroque populaire » très « tendance ». Pour s'apprivoiser cette région bien gâtée par l'architecture et la nature, rien de tel que de s'abandonner aux petites routes qui épousent des paysages vallonnés couverts de prairies verdoyantes. On y croise des escouades de vaches rousses trompant leur ennui et des villages qui ont grandi autour de leur mare, de leur autel dévolu à la Vierge, de leur église baroque aux angelots défraîchis et de leur forteresse intimidante. Les brumes automnales ou les premiers flocons collent bien à la nostalgie de ces milliers d'étangs et des forêts du massif de la Šumava qui culmine à 1 378 m d'altitude. Les chemins de randonnée foisonnent. Certains gros bourgs sont comme des cadeaux tombés du ciel, avec ces fermettes aux formes arrondies et colorées, alignées comme à la parade, à Opatovice, Plástovice, Komárov et Holašovice mis en exergue par l'Unesco.

À la frontière avec l'Autriche, Slavonice était sous l'Empire une ville relais sur la route de Prague à Vienne. On y changeait les chevaux des diligences et on y festoyait. Depuis la tour Renaissance de l'église de l'Assomption, on plonge sur la place Haute, bordée de belles maisons gothiques et Renaissance avec des pignons à la « lombarde » et à la « vénitienne ».

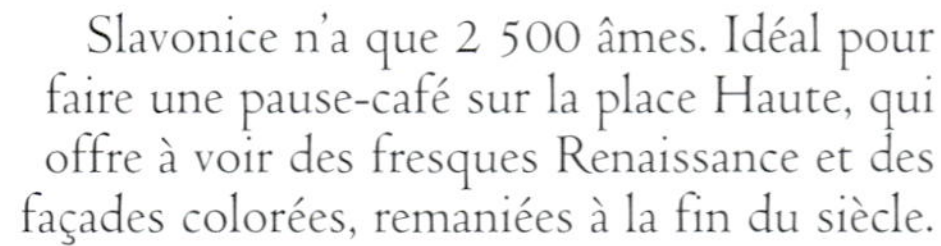

Slavonice n'a que 2 500 âmes. Idéal pour faire une pause-café sur la place Haute, qui offre à voir des fresques Renaissance et des façades colorées, remaniées à la fin du siècle.

À cent kilomètres au sud de Prague, la ville de **Písek** est restée moyenâgeuse dans l'âme, autour du célèbre pont du Serf, assemblé au XIIIe siècle et peuplé de statues baroques. Les Tchèques vous le diront. C'est le plus ancien pont en pierre du pays.

À une centaine de kilomètres au sud de Prague, le promeneur en quête d'endroits authentiques ne regrettera pas un interlude à **Písek**. On franchit le pont de pierre de la seconde moitié du XIIIe siècle pour aller se perdre dans un labyrinthe de pittoresques ruelles bordées de maisons du gothique primitif. Plus à l'est, il faut dépasser les banlieues grisâtres de Tábor pour gagner la place principale parée d'habitations gothiques. Son château du XIVe siècle, transformé en brasserie, n'est pas peu fier d'avoir été fondé par les hussites en 1420. Il fut même le quartier général de la révolte lancée par le héros national, Jan Žižka dit « le Borgne ».

Plus au sud, la route est ponctuée de localités dont les places sont à elles seules des abrégés de l'Histoire de la Bohême, trésors inépuisables de demeures gothiques, Renaissance et baroques. **České Budějovice**, cité royale au confluent de deux fleuves, la Vltava et la Malše, fut fondée en 1265 par le roi Přemysl Otakar II. Le meilleur moyen de découvrir l'âme de la localité est de prendre place dans une calèche qui attend sagement sur la place. Quelle place ! Un carré presque parfait de 133 mètres de côté, bordé de gracieuses maisons à arcades.

České Budějovice n'entend plus les hommages. Certains s'y bousculent pour déguster la bière Budvar qu'on y brasse avec bonheur. Les autres choisiront de monter dans une calèche pour parcourir la vaste place Přemysl-Otakar II, nom du roi de Bohême qui fonda la ville en 1265. L'œil en balade embrasse une belle collection de maisons à arcades, un hôtel de ville Renaissance et la cathédrale Saint-Nicolas. Une adresse pour festoyer ? L'incontournable hôtel-restaurant Zvon qui trône sur la place. Canard ou carpe panée ?

La Bohême du Sud est truffée de demeures de caractère autour de la pimpante localité de **Jindřichův Hradec**. Dačice (ci-contre) présente sa façade et son mobilier Empire. Délicatement posé sur un étang, Červená Lhota (page 251) est visité pour ses intérieurs XVIIIe siècle, son ordonnance Renaissance et son décor romantique à souhait.

Jindřichův Hradec est l'une des plus charmantes villes de Bohême. Ornée d'une colonne de la Trinité datant de 1764, la place centrale aligne ses maisons Renaissance et les façades d'un ancien séminaire des Jésuites, du XVIe siècle. Mais les amateurs de vieilles pierres passeront la journée à arpenter le complexe historique regroupant château fort féodal et palais, soit trois cent vingt pièces. Les brochures indiquent même qu'il s'agit du plus grand site du pays, après le château de Prague et celui de Český Krumlov. Plusieurs visites sont possibles. Dans la succession de splendeurs, on passe en revue des fresques de 1338 illustrant la légende de saint Georges, une cuisine du XVe siècle et une rotonde ornée de stucs du XVIe siècle.

AVS·LIST·DER
SCHLANGEN·ADAM·EVE

En canoë ou en raft, au fil de paisibles rivières, la flânerie en Bohême du Sud s'épice de belles découvertes du XIIIe siècle : les châteaux forts de Rožmberk (en haut à gauche) et de Zvíkov (en haut à droite); les monastères de Zlatá Koruna (au centre) et de Vyšší Brod (en bas à gauche); le château d'Orlík (en bas à droite), rendu à la famille Schwarzenberg. Mais une escapade en République tchèque ne saurait faire l'impasse sur le château de **Hluboká** (page 255), qui triomphe par ses arrangements intérieurs en style gothique Tudor du XIXe siècle. Situé un peu au nord de la localité de České Budějovice, logé dans un parc paysager, cet ancien château fort est somptueux.

Plus à l'est, **Jindřichův Hradec** réserve également d'heureuses surprises. Le bourg, qui a grandi sur les bords de la rivière Nežárka et de l'étang Vajgar, tire son nom du château érigé par le seigneur Jindřich de la famille de Vítkovci. Reconstruite en gothique au XVe siècle et parachevée en Renaissance grâce au talent d'architectes italiens, la bâtisse dégage une impression en dehors du temps. Cerné par les étangs peuplés de carpes, le village de Třeboň mérite aussi le déplacement, avec ses trois anciennes portes, sa place aux maisons à pignons, son hôtel de ville datant du milieu du XVIe siècle et son château assemblé entre le XVe et le XVIIIe siècle.

D'intéressants vestiges jalonnent le paysage, comme les monastères cisterciens de **Vyšší Brod** et de **Zlatá Koruna**. Scène de luttes incessantes entre le roi et les arrogants seigneurs de **Rožmberk**, la région a drainé de corpulents châteaux forts, comme ceux de Kratochvíle, d'**Orlík**, de **Zvíkov** et de Hluboká dont la magnificence et la renommée ont dépassé justement les frontières de la Bohême.

Le salon d'accueil du château de Hluboká témoigne du talent des plus grands maîtres ébénistes, des lambris aux chambranles et aux encadrements de portes. Le portrait de Pauline Schwarzenberg rappelle la noble lignée qui acquit la propriété en 1661. Parmi les salles les plus remarquables, le cabinet Hamilton (page 257) fait l'unanimité. Orné d'un lustre en verre pincé de Murano du XVIIIe siècle, il rassemble des tableaux de chasse dus au peintre anglais Hamilton (1671-1737) et de remarquables boiseries et plafonds peints sur fond d'or.

Autant le dire, **Hluboká** est le château préféré des Tchèques, romantique au possible avec ses tourelles blanchâtres qui se découpent dans un parc anglais dominant le bourg. Après bien des vicissitudes, les seigneurs de Jindřichův Hradec métamorphosent en 1562 le château fort gothique en style Renaissance. Les architectes italiens n'y sont pas étrangers. La demeure est vendue en 1661 à la famille Schwarzenberg, proche de la cour d'Autriche. Baroquisé en 1728, le domaine est géré avec talent par Josef Schwarzenberg qui lui donne un style gothique anglais très particulier. Adolf, son dernier propriétaire, abandonne la Bohême avant la Seconde Guerre mondiale. Accaparé en 1940 par les nazis, son bien est nationalisé en 1947. L'histoire de la bâtisse retient que c'est lors de voyages en Angleterre que le prince Johann Adolf II et son épouse Eleonora eurent un vrai coup de foudre pour le château royal de Windsor. Hluboká devait lui ressembler. Les travaux débutent en 1840, on démolit et on refait « à la Windsor ». En 1855, l'œuvre est parachevée et demeure magistrale.

C'est à la suite de quelques séjours en Angleterre que le prince Johann Adolf II de Schwarzenberg et son épouse, la princesse Eleonora, décident de la destinée de Hluboká. Pour lui donner les grâces du château royal de Windsor, on demande au Viennois Franz Beer de commencer les projets de reconstruction en 1840. Ferdinand Deworetsky achèvera les embellissements intérieurs en 1871.
La visite est ponctuée de pièces qui ont grande allure, comme le fumoir (en haut) dominé par une imposante cheminée en granit. La bibliothèque (page 259) constitue la plus grande salle du château avec 12 000 volumes et un plafond à caissons emprunté au château des Schwarzenberg en Bavière.

La salle à manger de Hluboká dévoile de remarquables tapisseries flamandes du XVIIe siècle. Quant au porche d'entrée, il présente un élégant travail de ferronnerie. Dans la main de cette bien jolie Bohêmienne, la poignée de porte prend la forme d'un oiseau picorant le crâne d'un ancien Turc envahisseur. Le pauvre !

Les vitraux qui décorent les fenêtres de Hluboká nous parlent de religion et du panache de la dynastie des Schwarzenberg.

On vient à Hluboká, non seulement pour admirer les collections de peintures et de tapisseries du XVIIe siècle mais aussi pour les aménagements intérieurs réellement somptueux : des lambris aux chambranles, des encadrements de portes aux cheminées en bois sculpté, tout est faste et beauté. Au premier étage, on explore sans se lasser les salles d'apparat et les chambres privées d'Eleonora. Plus loin, le précieux cabinet Hamilton est un vrai bijou. On reste sans voix en pénétrant dans la grande salle à manger. Mais c'est dans la bibliothèque qu'on ressent pleinement la patine et l'Histoire. On passerait bien une petite heure à feuilleter quelques-uns des 12 000 volumes rassemblés, parmi lesquels les *Mémoires* de Saint-Simon et de précieux atlas du XVIe et du XVIIe siècle.

Retenue sur la prestigieuse liste de l'Unesco, la ville de Český Krumlov, assemblée autour de son château Renaissance, constitue une halte obligée pour les mordus d'Histoire et les gens de goût. On y posera ses valises quelques jours pour s'abandonner à la flânerie tranquille dans les vieux quartiers bien restaurés, avant de partir à l'assaut du château. Les pensions et hôtels de charme sont légion, comme les bons restaurants. Quel coup de cœur ! Plusieurs visites sont proposées pour venir à bout des entrailles du château, qui intrigue par le mélange des styles, entre la salle de bal (page 263, en haut), les pièces Renaissance (en bas, à gauche), le cabinet oriental rococo (en bas, à droite).

Avant la Révolution de Velours, la ville de **Český Krumlov** était un vrai cauchemar, comme laissée à l'abandon, isolée au bout du pays, à quelques encablures de la frontière bien hermétique avec l'Autriche. Les subventions étaient maigres, la vieille ville restait grisâtre et mal famée, les maisons délabrées laissées aux cas sociaux. De nos jours, la ville, qui s'est offert un superbe lifting dans les années 1990, joue la vraie star, trop fière d'avoir été retenue sur la liste prestigieuse de l'Unesco. Blottie de chaque côté des rives de la Vltava qui serpente et divise le noyau historique en faisant naître un décor de rêve, la cité fétiche d'Egon Schiele n'a pas perdu une miette de son âme : on musarde sans fatigue dans les venelles de la vieille ville. De l'autre côté, on grimpe au château fondé au XIIIe siècle et adossé à son faubourg, Latrán.

La localité prend son essor à l'époque des seigneurs de Rožmberk (1302-1602) dont l'emblème était la rose à cinq pétales. Leur richesse n'était surpassée que par celle du roi. Český Krumlov se targue d'être leur capitale pendant trois siècles. Il faut dire que le site était idéalement situé, au carrefour entre la Bohême et l'Autriche, les vallées du Danube, la Bavière et le nord de l'Italie. Les livres d'Histoire évoquent Petr I de Rožemberk qui fonde églises et hospices. Son fils Jindřich tombera au côté de Jean de Luxembourg à la terrible bataille de Crécy. Autre membre de la dynastie qui a laissé son empreinte, Vilém de Rožemberk. Cet érudit collectionneur d'art fait ajouter au château et à la ville certains aménagements et le confort de la Renaissance. L'architecte Baltazar Maggi offre au château la tour Renaissance la plus réussie de toute la Bohême. Acheté en 1602 par l'empereur Rodolphe II, le domaine sera offert à la famille des Eggenberg de Styrie. Trois générations vont s'y succéder. Au XVIIe siècle, Český Krumlov connaît un rayonnement incomparable, une cour brillante gravite autour du château. Jean Christian Eggenberg, mélomane averti, fait édifier un théâtre baroque pour divertir sa noblesse. Festivités, feux d'artifices, paillettes, mais pas d'héritiers. Le château est récupéré par la famille princière des Schwarzenberg, proches de la cour impériale

Joyau du château de Český Krumlov, la salle des Masques, ou salle des Travestis, est un chef-d'œuvre rococo du milieu du XVIIIe siècle. On y croise le regard amusé de cent trente-cinq personnages inspirés de la Commedia dell Arte : des Turcs, des Chinois, des comtes et des soldats, sans oublier Scaramouche et Colombine.

de Vienne. Dans la deuxième moitié du XVIIIe siècle, d'autres trains d'embellissement sont apportés, comme l'aménagement des jardins qui dominent le fief.

L'Histoire se répète. Le château passe en 1947 aux mains de l'État. De nos jours, les intérieurs offrent un remarquable aperçu du mode de vie fastueux des familles qui résidaient à l'époque Renaissance et baroque. Les appartements XIXe siècle des Schwarzenberg témoignent d'une belle ambiance de fêtes et de floraisons artistiques. Dans les parties hautes du château, la salle des Masques, ou salle des Travestis, mérite plus qu'un coup d'œil discret. Réalisée par l'architecte Andreas Altomonte, elle est sublimement décorée par une série rocambolesque de personnages de la Commedia dell Arte, signés par Josef Lederer vers 1748. On imagine tout un monde fascinant, un univers de rêve qui devait s'y croiser joyeusement. Après avoir dansé la farandole, la cour empruntait le couloir suspendu pour rejoindre le théâtre baroque qui demeure l'endroit le plus précieux du château. Ayant applaudi une pièce coquine, en prélude à la soirée, on partait ensuite s'égayer dans les jardins paradisiaques qui évoquent encore fêtes splendides et noms illustres.

Au château de Český Krumlov, les pièces Renaissance (en haut) évoquent la période des seigneurs de Rožmberk, qui accaparent les lieux de 1302 à 1602. L'arrangement du salon de la Princesse Éleonora (en bas) est resté fidèle à sa création, qui remonte à 1879. Les murs sont couverts de tapisseries flamandes du XVIIe siècle, avec des motifs forestiers et animaliers. Le secrétaire imite le style oriental. Porcelaine de Prague et de Hongrie.

Tout est luxe et beauté à Český Krumlov. Dans la deuxième moitié du XVIIIe siècle, le prince Joseph Adam de Schwarzenberg commanda le dernier grand train d'embellissement de la ville et du château. Le style rococo triomphe dans l'aile où les Schwarzenberg recevaient leurs invités. La chambre à coucher (ci-contre) est équipée d'un bureau à cylindre et d'un imposant poêle en faïence baroque. Avec ses décors et sa machinerie d'époque, le théâtre baroque est une œuvre unique en Europe (page 267 en haut). Couvert de feuilles d'or 24 carats, ce carrosse majestueux (page 267 en bas) évoque les richesses de la dynastie des Eggenberg. Fabriqué à Rome en 1638, il devait servir à une mission diplomatique afin d'annoncer au pape l'élection du nouvel empereur. Attelé à six chevaux, il ne servit qu'une seule fois.

La Bohême centrale

On ne regrettera pas d'être infidèle à une si prestigieuse capitale que Prague pour une escapade dans les environs qui offrent à voir de savoureuses découvertes. Berceau du premier État unifié dans le courant du IXe et du Xe siècle, la Bohême centrale a vu s'écrire les premières pages de l'Histoire tchèque. Autour de Prague, plaines et collines se couvrent d'une ribambelle de monuments classés. Pas moins de 400 châteaux servaient de résidences et de sièges à la noblesse tchèque et aux rois de Bohême. Pour les édifier, ces derniers puisaient leur fortune dans les mines d'argent de la ville royale de **Kutná Hora** qui se pavane à 60 km à l'est de la capitale. La belle aubaine ! Ces mines fournissaient au XIIIe siècle le tiers de la production européenne d'argent. La cité minière, qui prospéra jusqu'à égaler Prague, propose aux gens de goût nombre d'édifices médiévaux comme la cathédrale Sainte-Barbe, édifice de dentelle en gothique flamboyant classé par l'Unesco. Non loin du « coffre-fort naturel » de Kutná Hora et à proximité de la cour praguoise, la noblesse tchèque a essaimé une multitude de riches domaines.

Au milieu de paysages doucement vallonnés où forêts de chênes alternent avec champs fleuris et coteaux semés de vignes, les alentours de Prague sont tressés d'une couronne de châteaux de tous les styles : Renaissance à Liběchov (en haut), néo-Renaissance à Průhonice (au milieu), baroque à Mnichovo Hradiště (en bas).

À une cinquantaine de kilomètres aux sud-est de Prague, on abandonne sans regret l'autoroute de Brno, pour fendre une forêt et grimper sur l'éperon rocheux qui retient **Český Šternberk**. Ce château à l'allure imprenable surplombe la vallée de la Sázava qui traverse un bourg tassé à ses pieds. L'Histoire dit qu'il fut l'un des premiers châteaux en pierre du pays. Baroquisé comme beaucoup d'autres au XVIIe siècle, il est resté dans le giron de la famille Sternberg depuis sa fondation. À l'exception des années communistes. En 1992, il a été rendu au comte Zdeněk Sternberg qui a investi avec bonheur la demeure de son enfance, le décor familier des suites de petits salons et la chapelle aux stucs baroques : la pièce préférée des visiteurs.

Perché sur un éperon rocheux, le château fort gothique de **Český Šternberk** est l'un des rares châteaux de Bohême à s'être maintenu dans la famille fondatrice, du milieu du XIIIe siècle à 1949. Restitué en 1991 au comte Zdeněk Sternberg, il offre, en fonction des saisons, un décor aimable ou intimidant.

La visite du château de Český Šternberk commence toujours par la salle des Ancêtres meublée en baroque et en Renaissance. Les blasons nous renseignent sur les mariages qui ont compté pour asseoir la dynastie des Sternberg. Les personnages peints sont des généraux qui se sont illustrés pendant la guerre de Trente Ans.

Donnant sur la vallée, le salon Jaune (à gauche) du château de Český Šternberk est orné de stucs baroques et de fauteuils Louis XVI. Plus loin, dans un décor néo-Renaissance, la salle à manger (en haut) joue aussi le rôle de galerie de portraits des Sternberg.

La façade principale du château de Jemniště porte le blason des Trauttmansdorff, qui firent reconstruire le château après un incendie qui, en 1754, ravagea le chef-d'œuvre du célèbre architecte tchèque František Maximilián Kaňka. De nos jours, le château a été rendu à Jiří Sternberg.

En direction de Benešov, on longe une amène campagne pour découvrir **Jemniště**, un château aux dimensions tellement humaines, récemment restitué à la famille Sternberg. L'aboutissement d'un long parcours depuis l'incendie qui détruisit en 1754 la propriété du comte F. Adam de Trauttmansdorff. Seule la chapelle Saint-Joseph put être sauvée. Mais le comte avait les moyens. Il commanda alors à l'architecte tchèque de renom, František Maximilián Kaňka, une nouvelle demeure baroque saupoudrée de rococo. Le comte de Mensdorff-Pouilly et son épouse Theresa habitèrent les lieux jusqu'en 1943. Refusant d'endosser la nationalité allemande, ils durent abandonner leur bien aux nazis : première blessure de l'Histoire. Les Russes entrent en scène en 1945. Estimant que le domaine avait été vendu aux Allemands, ces drôles de libérateurs se vengèrent en détruisant meubles et intérieurs. L'Histoire s'acharne en 1951 quand l'État tchèque prend possession de la propriété. Et le temps a pacifié la pierre. Formidablement restauré, le château a pansé ses coups pour le plaisir d'un public connaisseur.

Campé au fond d'une longue allée conduisant à la cour d'honneur, le château baroque de Jemniště a fière allure, en hiver comme aux beaux jours.

Comme dans beaucoup d'autres châteaux, la salle de bal de Jemniště glorifie à coup de peintures démesurées le clan des Habsbourg. On trouve Charles VI, qui visita le domaine en 1723, et son épouse Élisabeth Christina Brunswick. Peinte avec brio par Felix Scheffler en 1720, la fresque du plafond évoque les dieux de l'Olympe. Au-dessus des portes, les peintures allégoriques symbolisent les saisons (à gauche) et quelques vertus (à droite) : la Sagesse, la Fertilité et la Force. Acquis en 1868 par les Sternberg, le château devint à la fin du XIXe siècle la résidence de Philip Sternberg, dont les objets familiers parsèment les intérieurs (porcelaine de Vienne). On apprend qu'il déjeunait à 15 heures. Au menu, soupe et trois plats : gibier ou viande fumée, viande au four et dessert.

Les aménagements des appartements privés des Sternberg, qui ont habité le château de la fin du XIXe au début du XXe siècle, parlent de leur vie à Jemniště. On sait que les jeunes filles de la maison avaient des gouvernantes françaises qui leur enseignaient l'écriture, la religion, le dessin, la musique et la danse. Les dames avaient leur salle de bains avec baignoire en métal, réchauffée à l'aide de braises… Un détour s'impose par la chapelle Saint-Georges consacrée en 1725, seule partie qui ait résisté à l'incendie qui ravagea le château en 1754. On y retrouve les armes de la famille Trauttmansdorff.

Derrière son apparence moyenâgeuse, le château de Konopiště reste empreint d'une Histoire plus récente. Celle de François-Ferdinand d'Este de Habsbourg et de son épouse Sophie Chotek. Celui qui achète la propriété en 1887 contre six millions de florins est promis à un bel avenir. Après le suicide du prince héritier Rodolphe en 1889, il lui revient de succéder à son oncle, l'empereur François-Joseph, à la tête d'un Empire qui commence à se disloquer. Son assassinat à Sarajevo, en 1914, déclenchera la Première Guerre mondiale. Dans la bibliothèque, où 3 000 ouvrages traitant de diplomatie et d'art militaire sont sagement rangés, une peinture de 1912 présente au visiteur le dernier propriétaire, en compagnie de sa fille Sophie, alors âgée de onze ans. Fidèle au principe dynastique des Habsbourg, l'empereur François-Joseph obligea l'archiduc à renoncer aux droits de succession de sa descendance lorsqu'il épouse Sophie Chotek, simple comtesse de Bohême (son portrait figure en bas de la page 279). Mais l'amour triompha. Loin des prétentions de la cour viennoise, le mariage fut célébré dans l'intimité, le 1er juillet 1900, en Bohême.

Le préféré des Praguois en matière de châteaux est engoncé dans les forêts jouxtant la ville de Benešov au sud de Prague : **Konopiště**. Hiver comme été, ils explorent sans fin l'ultime résidence de l'archiduc François-Ferdinand d'Este, assassiné à Sarajevo en 1914. Il y a d'abord cette fière silhouette de château gothique armé de quatre tours cylindriques aux angles et de trois tours au milieu des faces. Assez typique des forteresses françaises. Une autre aile Renaissance a été rajoutée au début du XVIIe siècle. Les nostalgiques des fins de régimes larmoyants feront leurs dévotions dans ces intérieurs patinés marqués par les souvenirs du neveu de l'empereur François-Joseph. On y décrypte encore l'Histoire de l'Europe. Depuis le suicide du prince héritier Rodolphe en 1889, François-Ferdinand d'Este était devenu l'héritier du puissant Empire austro-hongrois. Ce que lui compliqua bien la vie. L'archiduc souhaitait épouser une simple comtesse tchèque, Sophie Chotek, ce qui ne se faisait vraiment pas à la cour viennoise. Une simple comtesse ! François-Ferdinand d'Este ne céda pas. Trois jours avant son mariage, il dut signer un testament dans lequel il renonçait aux droits de succession pour ses futurs enfants. Comme Sophie Chotek

Avec ses murs défendus par quelques armes appartenant à la précieuse collection de la famille Este, le fumoir du château de Konopiště était réservé aux hommes. On y voit une imposante cheminée en marbre de Carrare et quelques peaux d'ours sacrifiés par l'ancien propriétaire. François-Ferdinand d'Este avait une passion maladive pour la chasse. Il avait même fait confectionner, à l'occasion de son millième chamois, un petit salon où les murs sont couverts de 233 paires de massacres de chamois.

recevait un accueil glacial à Vienne, le couple avait choisi de vivre au calme de Konopiště. Ils aménagèrent les intérieurs en style médiéval et les agrémentèrent du confort moderne du début de siècle, avec ascenseur et salle de bains. Grand voyageur et chasseur émérite, l'héritier impérial fit tapisser couloirs et escaliers avec une impressionnante collection d'armes et de trophées qui mangent les murs, jusqu'à l'obsession. D'autres carnages allaient suivre. Après l'assassinat du prince héritier et de son épouse, le 28 juin 1914, l'Autriche allait déclarer la guerre à la Serbie. Et le conflit allait embraser l'Europe entière.

La visite de Konopiště est truffée de découvertes qui témoignent des goûts éclectiques de François-Ferdinand d'Este. Ce dernier avait amassé une impressionnante collection de statues et peintures baroques représentant saint Georges. Dans le corps central, un ascenseur témoigne encore de sa recherche de modernité lors de la période de reconstruction, qu'il entreprit entre 1893 et 1896. Fastueuse avec son plafond peint par František Ignác Pré, qui a conçu les allégories des quatre parties de la journée, la grande salle à manger servait de salle d'apparat.

Surplombant la région à l'ouest de Prague, le château fort royal de **Křivoklát**, édifié à partir du XIIe siècle, rappelle la triste époque où Charles IV y était tenu prisonnier par son père, Jean de Luxembourg.

Lié aussi directement à l'histoire de Charles IV, le château de **Křivoklát**, non loin de Karlštejn, a vu le jour au XIIIe siècle. Résidence préférée des souverains de Bohême qui aimaient y venir chasser, le roi de Bohême Jean de Luxembourg y enferma son propre fils et futur roi Charles IV, tiraillé entre ses parents. Drôles de mœurs !

C'est peut-être l'excursion la plus dépaysante depuis Prague. À 30 km au sud-ouest de la capitale, on quitte la route R4, pour les couleurs chatoyantes des façades du château de **Dobříš** qui servait sous l'ancien régime de lieu de repos et d'inspiration aux écrivains tchèques. Les manuels d'Histoire nous apprennent qu'un incendie anéantit château et ville en 1720. Pavel František Mansfeld en profita pour opter pour une reconstruction Renaissance « à la française » avec deux corps de bâtiments se faisant face et des toitures joliment ourlées de mansardes. On l'accompagna d'un jardin « à la française » organisé sur cinq terrasses avec une magistrale fontaine signée František Ignác Platzer. Et pour ne pas faire de jaloux, on rajouta un autre jardin « à l'anglaise ». L'ensemble fut mis en scène avec brio par l'architecte français Jules-Robert de Cott et l'Italien G. N. Servandoni, entre 1745 et 1765. Restituée à sa famille, Jérome Colloredo-Mansfeld a pris les rênes de la rénovation de la résidence ancestrale. Le résultat est fastueux et ravit les visiteurs qui accourent aussi pour les délicieux agapes proposés par le restaurant du château.

Le château baroque de **Dobříš**, au sud-ouest de Prague, est comme un cadeau tombé du ciel. En 1997, il a retrouvé son âme, celle de la famille Colloredo-Mansfeld. Ultime péripétie d'une longue histoire. Confisqué une première fois par les Allemands en 1942, reconfisqué en 1945 par l'État tchèque en tant que propriété allemande, il servit sous l'ancien régime de havre d'inspiration et de repos pour les membres de l'Union des écrivains. Restitué, le château a connu une véritable cure de jouvence grâce aux propriétaires, Jérôme Collero-Mansfeld et sa famille, qui gèrent le domaine avec énergie. Les jardins « à la française » ont été particulièrement soignés. Quant au restaurant du château, il propose dans un cadre intimiste un menu dont le simple énoncé annonce d'agréables agapes. Quelle belle excursion depuis Prague !

donna le château à Georges Popel de Lobkowicz. Mais selon les archives, c'est le comte Herman Czernin qui fit ajouter l'aile baroque. En 1753, la comtesse Marie Ludmilla Czernin épouse le prince Auguste Antoine de Lobkowicz. Ensemble, ils fondent la lignée de Mělník. La famille vécut heureuse entre ces murs chargés d'Histoire jusqu'en 1948, quand l'État se mit à confisquer les biens. Au gré de la visite, on admirera quelques peintures des grands peintres baroques tchèques, Karel Škréta, Petr Brandl et Václav V. Reiner. On débusquera aussi de remarquables peintures italiennes du début du XVIIe siècle, signées Pietro della Vecchia. Après la chambre meublée en baroque, le salon rose Louis XVI, la salle rococo du XVIIIe siècle, on fera une halte devant la captivante collection de cartes anciennes et de gravures du XVIIe siècle, portant sur des villes de France, d'Italie et des Pays-Bas. À noter, pour les fins gourmets, les caves à vin bien fournies et un délicieux nectar qui ne manque pas de corps, vendu au château.

Quel bonheur ! À Mělník, la visite est libre, contrairement à bon nombre de châteaux de Bohême et de Moravie où il faut attendre le guide ne parlant que le tchèque… Avec un texte en français entre les mains, on peut musarder sans se lasser dans les intérieurs où toutes les époques et les styles se combinent avec harmonie. Ci-dessus, le salon Rose, avec son mobilier Louis XVI.

La salle à manger du château de Mělník (ci-dessus) offre à voir quelques chefs-d'œuvre, placés sous la garde de François Lobkowicz en uniforme de chevalier de l'ordre teutonique : deux peintures exécutées par Petr Brandl et Karel Škréta, les grands noms du baroque tchèque, deux secrétaires baroques provenant des ateliers d'Anvers. Les petites vues sont revêtues d'écailles de tortues taillées et dorées au XVIIe siècle. En bas à gauche, le bureau du prince Auguste Longin présente un mobilier français des XVIIe et XVIIIe siècles.

Outre son lit Renaissance à colonnes torsadées qui date de 1657 et des meubles d'enfants du XIXe siècle, la grande chambre est un bel exemple d'intérieur baroque : armoire, table et secrétaire.

Niché dans les faubourgs de Prague, en bordure de la Vltava, le château de **Trója** dévoile ses jardins « à la française » et son ordonnance, parfaitement symétrique, s'inspirant du style italien du XVIIe siècle. Il raconte les prétentions du comte Sternberg, qui fit appel au talent du Français Jean-Baptiste Mathey pour dessiner un palais d'été digne d'y recevoir l'empereur. Les travaux commencèrent en 1679.

Page 299 :
En haut : Les écuries décorées de peintures d'Abraham Godyn vers 1697.
En bas : Dans certaines pièces, Francesco Marchetti s'est chargé des fresques et des peintures célébrant la famille Sternberg présentée en compagnie de dieux dans des compositions allégoriques.

Autre domaine lié au vin, celui de **Trója** qui se pavane dans les faubourgs les plus bucoliques de Prague. Chaque année, les vendanges qui égaient les coteaux couverts de vignes parsemant ses alentours attirent une foule de Praguois. Trója exhibe son élégante silhouette enjouée, dessinée vers la fin du XVIIe siècle au milieu d'un bien agréable parc à l'anglaise. Les archives évoquent un palais de plaisance commandé par le comte Venceslas Adalbert de Sternberg. Qui avait beaucoup voyagé en Europe. Ce haut fonctionnaire de l'État voulait une demeure ressemblant à une *villa suburbanna* italienne, destinée à recevoir les gens en vue, l'empereur lui-même et sa suite. Il choisit Jean-Baptiste Mathey, peintre et architecte bourguignon qui avait appris son art à Rome. Pour ne rien rater, on l'entoura de quelques Italiens bien inspirés. Au final, le palais devait impressionner l'empereur ! Mission accomplie. Laissées à l'inspiration d'Abraham Godyn et de Francesco Giovanni Marchetti, les fresques intérieures de la salle d'apparat sont une glorification pompeuse de la dynastie des Habsbourg. Six années de labeur passées sur des échafaudages ! L'Italie n'est jamais loin de Trója. Agencés autour de fontaines aux motifs de naïades, de tritons et de rochers artificiels, les jardins sont caractéristiques des villas italiennes. Et offrent une vraie parenthèse de lumière dans la ville.

La décoration de la salle d'apparat du château de Trója, qui occupe tout le corps central du bâtiment, fut confiée au Flamand Abraham Godyn. Le message du comte Sternberg était clair : affaiblie après la défaite de la bataille de la Montagne Blanche en 1620, qui marquait la victoire des Habsbourg et des catholiques, la Bohême devait redorer son blason. Il fallait séduire l'empereur. Les frères Godyn mirent six ans à peaufiner leur trompe-l'œil géant, achevé en 1698. On y glorifie pompeusement la ferveur chrétienne et la dynastie des Habsbourg : Rodolphe, Léopold et les autres. On y croise l'archange Michel conduisant l'armée céleste contre les Turcs… Le plafond exprime l'allégresse, après la victoire contre les Turcs.

La Moravie

Plus festive que la Bohême, fière de son folklore et de ses coutumes vivaces, la Moravie coule des jours tranquilles et sait cultiver ses différences. Au sud-est, les habitants des villages de la région de Strážnice peuvent s'enorgueillir d'un costume traditionnel bien différent du bourg voisin. On le sort avec bonheur pour les mariages et les fêtes religieuses. Autre trésor morave, le vin qui se boit bien davantage que la bière. Les vendanges sont l'occasion de joyeuses réunions populaires, comme à Znojmo en septembre, quand on tue le cochon. À Petrov, pittoresque village constitué uniquement de caves de vignerons, on vient de loin se délecter du vin nouveau, le *burčák* qui coule dans les verres au rythme des rengaines populaires reprises en chœur.

Autour de Mikulov qui mérite amplement une halte pour son château baroque engoncé dans une vieille ville bien restaurée, les coteaux ensoleillés portent les vignobles qui sont parmi les plus courus du pays. Les amateurs de bon vin se retrouvent aussi à Valtice. Les caves de l'admirable château baroque des Liechtenstein sont remplies du précieux nectar qui vieillit doucement. Chaque année, l'école de sommeliers de la ville organise pour les vendanges un défilé coloré en costumes folkloriques.

La nature est aussi généreuse en Moravie. Le Nord et l'ancienne Silésie sont bien gardés par les monts Jeseníky et Beskydy qui font le bonheur des skieurs. En été, les stations

Au printemps, on fait le plein de calme en traversant la campagne morave qui se pare de mille couleurs : champs de pavot qui servent d'écrin à l'église de Chudobín (pages 302-303), vigne coiffée par les clochetons baroques de l'église de Strážnice (page 304, en bas), sanctuaire oublié au milieu de nulle part. Faites comme les Moraves qui n'hésitent pas à sortir leur calèche pour rejoindre le hameau suivant. Prenez le temps de vivre…

La Moravie s'enorgueillit de son folklore et de ses coutumes. Comme les anciens, les jeunes enfilent leur costume traditionnel à l'occasion des récoltes, des vendanges ou le 15 août, à la fête de la Vierge. Après une procession dans la ville, on se presse pour assister à la grand messe de Kyjov.

Les Moraves ont su préserver leur identité. Ils la revendiquent même. Dans le fantastique musée en plein air de Strážnice, qui rassemble une belle collection de maisons anciennes reconstituées, les mariages en costume font le bonheur de tous, des plus jeunes aux plus âgés. Chaque dimanche, à Plže, les grands-mères ajustent leur jupe bouffante, assez courte pour leur permettre d'aller à la messe à vélo.

La Moravie est religieuse, sertie de calvaires et d'églises bien remplies. Avec de bonnes chaussures, on part à l'assaut de la colline sainte qui surplombe la jolie ville de **Mikulov** entourée de vignes. Les habitants y vénèrent le chemin de croix depuis le XVIIIe siècle, tout comme l'église Saint-Sébastien, baroquisée au XVIIe siècle.

thermales pleines de panache, comme **Karlova Studánka**, accueillent désormais les étrangers à la recherche d'exotisme. Les chemins de randonnée partent dans tous les sens autour de la fameuse crête de Hrubý Jeseník. Selon les légendes populaires du XVIIe siècle, les sorcières s'y réunissaient pour danser la sarabande. Autre ville thermale digne d'intérêt, Velké Losiny rehaussée d'un château Renaissance. Non loin de Brno, l'étonnant Karst morave déploie grottes à stalactites et à stalagmites. Les plus aventureux emprunteront une barque pour explorer le vertigineux gouffre de Macocha profond de 138 m.

Après leur vin et leur nature, les Moraves sont aussi fiers de leurs racines historiques qui remontent à l'Empire de la Grande Moravie qui, aux IXe et Xe siècles, comprenait une partie de la Moravie, de la Slovaquie, de la Bohême et de l'Autriche. Chargées d'Histoire, les localités de **Mikulov**, Olomouc, Kroměříž et Telč offrent une récréation de qualité. On peut s'aventurer dans les venelles d'un autre âge, à la découverte d'une église baroque ou d'un château Renaissance. De Brno, on piquera d'abord sur **Olomouc** élevée en 1253 au rang de ville royale. Cette vieille demeure princière et épiscopale qui, jusqu'au XVIIe siècle, était la deuxième ville du pays après Prague, vit au rythme de sa place centrale d'une rare beauté. Les maisons gothiques, Renaissance et baroques sont agencées autour d'une colonne de la Sainte Trinité du XVIIIe siècle, classée par l'Unesco. Fondé vers 1378, l'hôtel de ville est flanqué d'une étonnante horloge astronomique.

Loin de la cohue qui se bouscule sur le pont Charles, la Moravie se dévoile lentement à travers de paisibles villes d'eau bourrées de poésie (vous ne regretterez pas une halte dans la station de **Karlova Studánka**) et de fières forteresses comme Bítov (ci-dessus), édifiée au XIe siècle.

Abandonné au nord-est de la République tchèque, **Bruntál** ne vaut le détour que pour son château, mais quel château ! Sa façade baroque qui parade sur une placette de la ville masque sous le stuc des origines plus anciennes. Celles d'un château fort du gothique tardif, fief des seigneurs de Vrbno. Métamorphosé au XVIe siècle en demeure Renaissance, il fut ensuite remanié dans les années 1766 en style baroque.

Plus au nord, on poussera jusqu'à l'ancienne ville minière de **Bruntál**, mentionnée au début du XIIIe siècle. Sur une placette ombragée s'y pavane la gracieuse façade rococo d'un château de caractère qui a remplacé l'ancien logis gothique des seigneurs de Vrbno. Ils le perdent en 1621 quand ils ont l'audace de se rebeller contre les Habsbourg. On le donne alors à l'Ordre des Chevaliers Allemands formé pendant les croisades en Palestine. Suivant les modes, le château prendra les aménagements Renaissance vers 1580 quand les deux ailes gothiques seront réunies par une troisième, ornée d'arcades. Les parties baroques furent ajoutées dans la seconde moitié du XVIIIe siècle. Approprié par l'État tchèque en 1945, le château raconte à travers une volée de portraits emphatiques l'histoire du puissant Ordre allemand.

Au nord-est de la ville de Jihlava, l'ancienne abbaye cistercienne de **Žd'ár nad Sázavou** porte dans ses entrailles de pierre les séquelles et les beautés de l'Histoire des pays de la Couronne de Bohême.

L'abbatiale Notre-Dame de l'Assomption est commencée en 1252 dans le style gothique primitif, mais les guerres hussites ravagent la Moravie et tout ce qui est catholique. Il faut attendre le début du XVIIIe siècle, la volonté de l'abbé Václav Vejmluva et le génie de l'architecte Jean Blaise Santini Aichl pour restaurer magistralement l'ensemble abbatial en injectant des éléments baroques. Le domaine devient l'un des plus importants sièges ecclésiastiques de son temps, agencé autour de quatre cours avec une salle capitulaire, un cloître et des jardins. Mais l'œuvre maîtresse de Santini demeure une chapelle hissée sur une colline escarpée, appelée Colline Verte (Zelená hora) qui domine le site. Consacrée en 1722 à Saint Jean Népomucène, la chapelle, classée par l'Unesco en

Rebelles contre les Habsbourg qui s'étaient appropriés la Bohême, les seigneurs de Vrbno se virent expulsés de leur château en 1621. On le remit gracieusement à l'Ordre « bien pensant » des Chevaliers Allemands, dont le Grand Maître était membre de la famille des Habsbourg. Créé en 1190 lors des croisades en Palestine, l'Ordre perdura longtemps. Le château leur fut pourtant une première fois confisqué par l'État tchèque dans les années 1920. L'Ordre se convertit alors en institution charitable pour récupérer Bruntál, jusqu'en 1945 quand l'État les expulsa. Ils quittèrent le domaine en laissant quelques cadeaux. Fondée par le Grand Maître de l'Ordre, Anthony Victor, la bibliothèque contient 20 000 livres portant sur la littérature étrangère du XVIe au XXe siècle. Restaurée à la fin des années 1950, la salle romaine (en bas) est ornée de fresques romantiques de vestiges romains : colisée et amphithéâtre Flavien, colonne de Trajan. Billard viennois du XIXe siècle.

1994, est un très pur mélange de gothique et de baroque entouré d'un cloître dessinant un plan à dix branches. Le sanctuaire a la forme d'une étoile à cinq branches et comporte cinq entrées, cinq autels, cinq chapelles. Pourquoi le chiffre 5 ? Conformément à la légende, une couronne de cinq étoiles aurait surgi à l'endroit où Jean de Pomuk, confesseur de la reine Sophie épouse de Venceslas IV, aurait disparu dans les eaux agitées de la Vltava.

Sécularisée sous l'empereur Joseph II, l'abbaye transformée en château fut acquise en 1836 par la famille de la mère de Radslav Kinský, née Clam-Gallas. Mise de côté par les nazis sous l'occupation allemande, la propriété fut redonnée à la famille Kinský à la libération, en 1945. Avant d'être happée par l'État gourmand en 1948. Radslav Kinský et son épouse, qui ont récupéré leurs biens en 1991, résident actuellement dans l'ancien logis d'été de la prélature.

À chaque pièce du château de Bruntál, s'attache le souvenir de l'Ordre (un peu inquiétant) des Chevaliers allemands. La salle des Blasons (ci-dessus) rassemblait le Conseil des douze plus hauts dignitaires de l'Ordre qui avaient le droit d'élire le futur grand maître. Les portraits des grands maîtres qui figuraient sous leurs blasons ont été transférés dans l'escalier d'honneur. Les meubles ont été fabriqués à Vienne vers 1780. Élevée sur deux étages, la grande salle de réception (page 312, en haut) date de la reconstruction du château en 1769. Embellie de fresques de paysages de ruines, elle est équipée de chandeliers du XVIIIe siècle. On y voit un lot de candélabres exécutés à Venise vers 1750. Que faisait-on dans la salle rococo qui exhibe des stucs fleuris (page 312, en bas) ? On rêvait du paradis ! Tout y est rococo : les meubles XVIIIe siècle, le vase en porcelaine fabriqué à Karlovy Vary en 1850, le plateau manufacturé de Březová. Sans oublier le crachoir du Grand Maître.

Page 314 :
La Moravie est truffée de riches demeures. Conçu à la fin du XVIIe siècle et au début du XVIIIe siècle par les architectes Domenico Martinelli et Mořic Grimm, le château de **Buchlovice** (page 314, en haut) devait ressembler à une villa baroque italienne. Au détour d'une route de campagne, au sud-est de Brno, dans un paysage bucolique empreint de douceur, le château de **Milotice** (en bas) apparaît comme une vraie récompense. Son architecture a subi plusieurs trains d'embellissements, au gré des propriétaires successifs. L'Histoire retient le nom d'Antonín Serenyi, dont la famille était originaire de Hongrie. C'est lui qui donna à Milotice son apparence actuelle du XVIIIe siècle.

À gauche : Donnant sur des jardins baroques « à la française », la salle de bal est enrubannée de fresques colorées, peintes par František Řehoř Ignác Eckstein en 1725. On y voit les Turcs refoulés par les Habsbourg triomphants. Éternelle fable !
Ci-dessus : L'escalier, achevé dans la première moitié du XVIIIe siècle, est d'une rare finesse. Quelques bambins joufflus portant les blasons des Serenyi sont l'œuvre du Brnois (habitant de Brno) Christian Probstel, en 1725. Les gens de la région affirment que c'est là le plus bel escalier de toute la Moravie !

À l'ouest de Brno, la localité de **Jaroměřice** doit sa notoriété à son château, qui mérite plus qu'un coup d'œil discret. Les jardins « à la française » sont entretenus avec soin par l'époux de la castelane (conservatrice du château), passionnée d'Histoire, qui vous fera l'honneur de la visite. Elle nous apprend que cet ancien château fort entouré d'eau fut reconstruit au XVIe siècle. La famille des Questenberk le transforma en 1737 en enceinte baroque dotée d'une église paroissiale. Les intérieurs sont somptueux. On se sent envoûté en pénétrant dans la salle de danse (page 317) couverte de stucs. Un vrai bijou. Chut ! Le bal va commencer !

Situé en plein bourg de **Jaroměřice**, un peu au sud de Třebíč, le gracieux château d'État a une allure folle, avec une façade hautaine adossée à une église, donnant sur un jardin admirablement dessiné. Le tout forme un intéressant ensemble du Baroque tardif. Héritant vers 1700 de ce château, gothique à l'origine et redessiné Renaissance, le comte Jan Adam de Questenberk va lui donner ses marques de noblesse. Ami des arts et des lettres, il a beaucoup voyagé en Europe et se passionne pour l'architecture baroque. À tel point qu'il décide de faire de son bien un centre de vie et d'étude du baroque. Il appelle à l'aide l'architecte J.-L. Hildebrandt qui achève son œuvre en 1737. Une œuvre magistrale qui enchante aujourd'hui le regard des visiteurs. Les intérieurs sont aussi chatoyants que leur enveloppe de pierre. Tout évoque musique, fête et bonheur : de la Sala terrena où les femmes du monde venaient se reposer des chaleurs de l'été, au cabinet chinois très « tendance » à l'époque. En parcourant la salle de réception égayée des peintures de F. M. Francia et la salle de danse ornée de toute part des fines peintures de J. Battista, on imagine sans mal les fastueuses réceptions que le comte de Questenberk, ou plus tard, le comte Vrbna, devaient donner.

La conservatrice du château de Jaroměřice explique aux visiteurs qu'au XVIIIe siècle les habitants des pays de la Couronne de Bohême raisonnaient moins en terme d'appartenance à une région ou à un pays qu'en terme de corporatisme. Il y avait les artisans, les bourgeois et les nobles acquis à la famille des Habsbourg. Jouxtant la salle de danse, le cabinet chinois a conservé son incomparable cachet, avec son précieux mobilier et ses parquets d'origine. Il rivalise d'authenticité avec le cabinet chinois du palais Sternberg à Prague, rouvert au public en 2004. Au gré de l'enfilade des salons bien aménagés, du salon des Dames (page 319, en haut) à la salle à manger (page 319, à droite), on repère quelques beaux objets et l'incomparable porcelaine de Meissen.

À Jaroměřice comme ailleurs, la Renaissance avait apporté des envies de douceur et de grâce, de mer et de jardins. Seule anicroche, en Moravie les hivers sont plus frisquets qu'en Italie et les océans bien loin. On opta alors pour des *sala terrena*, des salons de bains (page 320) et des jardins d'hiver.

Entre Třebíč et Brno, on s'accordera une récréation de charme en logeant dans les communs du château de **Náměšť nad Oslavou**. Ils ont été transformés avec goût en pension douillette. Excellente idée ! Surplombant la localité et la rivière Oslava, la bâtisse en impose par ses origines féodales du milieu du XIIIe siècle. Les seigneurs de Žerotín lui donnèrent des allures Renaissance dans les années 1565. De nos jours, des concerts y sont souvent donnés pour faire perdurer la tradition musicale des lieux, fréquentés en leur temps par Gluck, Haydn, Salieri et Johannes Strauss.

Il y a des endroits « coup de foudre ». Le château attaché à la ville de **Náměšť nad Oslavou** en est un. Entre Brno et Třebíč, on s'extirpe de la route pour filer à travers les forêts moraves vers la petite localité de Náměšť nad Oslavou. Un peu plus loin, au détour d'un chemin qui serpente au milieu d'un bois, surgit dans les hauteurs le château Renaissance qui a tout d'une citadelle agrémentée d'une tourelle. Il faut se garer devant les grilles d'entrée. Le décor est bucolique à souhait, fait de verdure et de quelques maisonnettes bien restaurées offrant logis aux visiteurs. On traverse un pont de pierre peuplé de statues baroques et dressé en 1737 au-dessus de la rivière Oslava. L'entrée du château est de l'autre côté. On débouche sur une cour à arcades dessinée par l'architecte italien Gialdi à partir de 1578. Le propriétaire, Jan de Žerotín, désirait alors adapter le château gothique au goût du jour. Outre la superbe architecture de l'édifice qui appartenait à la famille Haugwitzs jusqu'en 1945, on passera du temps devant la collection de tapisseries des manufactures européennes des XVIe, XVIIe et XVIIIe siècles. La bibliothèque offre à voir de fériques peintures murales du premier baroque, réalisées par Carpophoro Tencalla en 1680.

Outre la collection de tapisseries anciennes fabriquées en Belgique et en France, le château offre à voir une captivante bibliothèque. Les plafonds portent les fresques que Carpophoro Tencalla a signées en 1680. On y décrypte les allégories des vertus humaines. La bibliothèque est la pièce la plus intéressante du château. Elle témoigne de l'érudition de Jan l'Ancien, seigneur de Žerotín, grâce auquel les Frères Tchèques imprimèrent la première grammaire en tchèque. C'était en 1533. On ne regrettera pas un arrêt dans la chapelle Saint-Venceslas, bien fournie en statues baroques (en haut) provenant d'un monastère capucin aboli.

À l'est de Brno, **Kroměříž** se veut la vitrine de la Moravie, avec son rutilant château archiépiscopal classé patrimoine de l'Unesco depuis 1998. L'un des plus fastueux de toute la République tchèque. Mais la ville natale du peintre Max Švabinský ne manque pas de caractère avec ses églises, Saint-Maurice avec ses 3 nefs et Saint-Jean-Baptiste. Il y a aussi quelques antiquaires à dénicher au hasard des rues tortueuses. Adossée au château, qui pointe sa tour aiguisée comme un crayon, la Grande Place à arcades propose des hôtels et restaurants très acceptables. Le château raconte la puissance et la gloire des évêques d'Olomouc. Embellies de riches mosaïques et de stucs attribués à B. Fontana et P. A. Pagani au XVIIe siècle, trois *sala terrena*, ouvrant sur des jardins anglais, témoignent de l'engouement pour la Renaissance italienne.

Au sud d'Olomouc, la riante *Velké náměstí* (Grande Place) de **Kroměříž** attend les amateurs de belles pierres et de fastueux intérieurs. Maisons de caractère à arcades, églises gothiques et baroques, rues attenantes à explorer et château épiscopal évoquent avec insistance le pouvoir et la richesse des évêques d'Olomouc. Élevée au rang de ville en 1260 par l'évêque Bruno de Schaumburg, ce dernier pare la localité d'un château gothique. Kroměříž devient la résidence des évêques d'Olomouc au début du XVIe siècle alors que le château doit beaucoup à la Renaissance.

Détruit en partie par la guerre de Trente Ans, le bourg reprend vie grâce à l'évêque Charles Liechtenstein de Kastelkorn qui fait relever le château de ses cendres vers 1686. Les architectes viennois mettront douze ans à accomplir leur tâche. Les collections de livres anciens et de tableaux de maîtres sont fondées à cette époque. Aujourd'hui, les décors grandiloquents des intérieurs forment une promenade balisée au cœur de la richesse des évêques d'Olomouc qui reçurent toutes les têtes couronnées de l'Europe. L'une des grandes pages d'Histoire écrite à Kroměříž, concerne l'Assemblée de l'Empire d'Autriche chargée de rédiger, en 1848, une nouvelle constitution pour les peuples qui le composaient. Agencées dans la seconde moitié du XVIIIe siècle, les salles historiques étaient ouvertes uniquement lors de réceptions. On y

Dans leur château de Kroměříž, rien n'était trop beau pour les évêques d'Olomouc. Des gens de goût ! À la fin du XVIIIe siècle, on avait aménagé pour eux la salle du Trône, ou petite salle à manger (en haut). Ils pouvaient y admirer deux cents tableaux, copies et originaux de grands maîtres, enchâssés dans les boiseries murales. La plus extraordinaire pièce de Kroměříž est la salle des Vassaux (page 327), arrangée dans la deuxième moitié du XVIIIe siècle. S'y réunissaient la Diète et le tribunal féodal. Les murs sont couverts de merveilleux stucs imitant le marbre. Quant à la fresque du plafond, peinte par F. A. Maulbertsch, elle représente *L'Apothéose de l'évêque d'Olomouc*. En ce temps, l'essentiel n'était pas qu'invisible !

découvrait alors un mobilier de style baroque ou rococo, s'harmonisant superbement avec lustres en cristal, poêles en faïence, statues et stucs. Tout ici conjugue puissance et gloire. La salle de l'Assemblée, où se déroula la fameuse session du Parlement de l'Empire en 1848, constitue l'un des plus beaux intérieurs en style rocaille de l'Europe entière. Il faut reconnaître que le décor est impressionnant avec ses 22 lustres et leurs 440 chandelles qui étincellent de mille feux. La chambre du Tsar n'est pas mal non plus, avec son aménagement réalisé en 1885 lors de la venue d'Alexandre III. Plus loin, la salle du Trône exhibe 200 tableaux enchâssés dans les boiseries murales. Mais c'est la salle des Vassaux où siégeaient la Diète et les tribunaux féodaux qui s'impose encore davantage, avec un sublime trompe-l'œil de la seconde moitié du XVIIIe siècle : murs couverts de stucs imitant le marbre et fresque représentant l'apothéose de l'évêque Egkh.

Mais on vient aussi à Kroměříž pour humer l'ambiance studieuse de la bibliothèque dont l'aspect grandiose remonte aux années 1760. Un vrai monde en soi ! Agrémentées de stucs richement dorés, les boiseries enserrent quelque 88 000 volumes parmi lesquels 200 manuscrits, 170 incunables, 19 000 feuillets d'art plastique et 5 000 compositions musicales. Tout est rare et précieux. Les globes du XVIIe siècle sont des cadeaux donnés par le roi Louis XIV. La fresque qui court au plafond représente l'apothéose du fondateur du château, Charles de

Avec son lustre en cristal sorti des ateliers des maîtres-verriers de Bohême, la salle à manger du château de Kroměříž servait de cadre aux dîners festifs servis aux invités de marque. Les murs sont couverts de cent seize tableaux, parmi lesquels des peintures originales du peintre hollandais Minderhout. Fondée en 1691 par l'évêque Charles Liechtenstein de Kastelkorn, dont l'apothéose est peinte au plafond, la bibliothèque est adulée pour la diversité de son fonds (88 000 volumes et de précieux incunables !). Parmi les trésors, un manuscrit du IXe siècle et une Bible de Luther.

Liechtenstein. Il faudrait des jours et des jours pour décrypter toutes les préciosités du palais-château. Au deuxième étage, dort en paix une prestigieuse collection de peintures européennes allant du XVe au XVIIIe siècle. On découvre quelques chefs-d'œuvre hollandais du XVIe siècle, des raretés italiennes comme cet *Apollon et Marsyas* de Tiziano Vecellio. On termine sur les peintres flamands du XVIIe siècle avec P. Brueghel l'Ancien et nombre de peintures baroques d'Europe centrale. L'Unesco a choisi de retenir Kroměříž sur la liste du Patrimoine mondial, non seulement pour le château épiscopal, mais aussi pour les espaces verts attachés au domaine. D'une superficie de 64 hectares, égayé d'un vaste parc à l'anglaise avec plan d'eau, le jardin dit « sous le château » fut conçu à la fin du XVIIIe et au début du XIXe siècle. Quant au « jardin des Fleurs » qui étale ses parterres admirablement agencés, à quelques minutes du centre, il fut dessiné dans les années 1666-1675 par F. Luchese et G. P. Tencalla.

D.
CANONISTAE.

Voici une bonne idée d'escapade en Moravie, non loin de la frontière avec l'Autriche. Confortablement installé dans le divin petit « Château-Hôtel de la Frontière » (Hraniční zámeček), vous pourrez louer un vélo pour explorer le vaste parc paysager du domaine de **Lednice-Valtice** (deux châteaux séparés par une allée verte de 11 kilomètres). Cet ancien fief de la famille princière des Liechtenstein pendant plus de six cents ans a été inscrit sur la liste de l'Unesco. À Lednice, la résidence d'été du prince gouvernant a été maintes fois remaniée, aux XVIe et XVIIIe siècles. Après le style Empire, on lui administra une apparence néogothique anglaise au milieu du XIXe siècle.

Autre joyau retenu par l'Unesco, le vaste domaine paysager et architectural de **Lednice-Valtice** qui raconte la dynastie de la famille princière de Liechtenstein, propriétaire des lieux pendant plus de six cents ans.

À quelques encablures de la frontière avec l'Autriche, on peut louer un vélo pour explorer sans se lasser cet incroyable espace vert appelé « jardin de l'Europe » ou « jardin du Paradis ». On empruntera une vaste allée reliant deux châteaux d'exception, l'un dans le bourg de Lednice, l'autre dans la localité de Valtice. Sur près de 156 ha de terrains aménagés à l'anglaise, avec des plantes ligneuses d'Amérique du Nord, des pins d'Angleterre et des rhododendrons d'Amérique, on a rendez-vous avec une formidable symphonie de couleurs et de végétaux. L'ambiance est bucolique, on longe ici un étang de 20 ha et un panel d'édifices bien romantiques : châteaux de la Frontière, de l'Étang et des Trois Grâces, Rendez-vous, temple d'Apollon… Tout un programme ! Le décor a bien changé depuis le XVe siècle quand les Liechtenstein, seigneurs de Mikulov, achètent le domaine et se font construire à **Lednice**, une résidence d'été qui prend les allures Renaissance au XVIe siècle. Le grand architecte viennois Fischer von Erlach

Avant d'entreprendre la visite des intérieurs du château, rien ne vaut une flânerie dans les jardins « à la française » et le parc paysager, qui se prêtent divinement à une promenade à vélo. On y découvre un lac truffé d'îlots et un précieux minaret réalisé par Josef Hardmuth.

Les intérieurs de Lednice, qui restent empreints de siècles d'Histoire, se targuent de posséder les plus somptueux aménagements en bois qui soient. Dans la salle Bleue ou salle Longue (en haut), le plafond à compartiments en bois de tilleul s'enorgueillit d'être l'un des plus achevés de l'Europe entière. L'escalier en colimaçon de la bibliothèque (en bas) a été ciselé à partir d'un seul chêne du domaine. Autre bel endroit à Lednice, le salon Turquoise, ou salle de musique (page 333), comportant un plafond à caissons en bois de noyer canadien. Les tentures sont d'origine. La cheminée est un travail français.

De la salle de danse au salon Jaune, de la salle des Ancêtres à la galerie de tableaux, l'esprit aristocratique prend toute sa dimension dans les intérieurs du château de Valtice. Sur ses murs plaqués de faux marbre, le salon du Prince Charles (en haut) met en valeur, à l'intérieur de médaillons, des natures mortes signées Franz Werner Tamm, peintre de la famille des Liechtenstein.

Haute de deux étages, la chapelle du château (page 337) fut aménagée selon les plans de l'architecte Fischer von Erlach au XVIIe siècle. La peinture de la voûte fut exécutée par le maître-stucateur Alberti. Sur l'autel principal est dressée une peinture représentant *La Naissance du Christ*, de Guido Reni. Assimilés à l'Autriche et à l'Allemagne, les Liechtenstein durent quitter leur domaine à la fin de la Seconde Guerre mondiale. Après une ultime prière à la chapelle !

Surplombant la rivière Dyje, à l'est de Znojmo, la salle des Ancêtres du château perché de **Vranov** se repère de loin. Quel nid d'aigle ! Quelle halte reposante ! Depuis la terrasse du château, on peut presque apercevoir les paysages vallonnés de l'Autriche, à quelques kilomètres, essaimés de coquets bourgs fleuris. Endroit le plus magique de la visite, la salle des Ancêtres (page 339) est à savourer comme une œuvre d'art. Elle fut réalisée entre 1687 et 1690 par l'architecte viennois Fischer von Erlach. La fresque de la coupole, exécutée par le peintre autrichien Johann Michael Rottmayr, met en scène la famille des Althann à l'aide d'un char allégorique illustrant la fertilité du pays et le génie des Althann. Entre les lucarnes ovales, les fresques représentent les héros antiques Héraclès, Orphée, Persée.

Depuis Valtice, on peut longer la frontière pour aller savourer comme une œuvre d'art la ville de Mikulov au château omniprésent dans les paysages de la région plantée de vignes. Plus à l'ouest, on ne s'attardera pas à Znojmo pour monter à l'assaut du château de Vranov qui ressemble à un nid d'aigle suspendu au-dessus de la vallée de la Dyje.

À portée de canon de l'Autriche, **Vranov nad Dyjí**, qui devait faire partie du rideau de citadelles défensives du royaume, a subi les outrages et aléas de l'Histoire : guerres hussites et guerre de Trente Ans, incendies et peste, propriétaires multiples, catholiques et protestants, assemblage de styles et de bâtiments. Le résultat est pourtant d'une rare élégance. On pénètre dans les cours, guidés par des airs baroques bien agréables. Vrai modèle de savoir-vivre, le conservateur, Monsieur Janíček qui soigne avec dévouement le château depuis trente-cinq ans, aime accueillir les visiteurs. Si l'histoire de la construction devait retenir un nom, ce serait celui du comte Michael Johann d'Althann, désireux d'épater ses relations. Las de la forteresse médiévale que sa famille a acquise, il appelle à l'aide le génial Fischer von Erlach, grand spécialiste du baroque autrichien. Ce dernier conçoit en 1687 la magistrale salle des Ancêtres, de plan ovale, surmontée d'une coupole qui fait la fierté de Vranov. La décoration, sur fond d'allégories et de symboles mythologiques, raconte en apothéose la *Maison Althann*. Ce qui ne

Exproprié par l'occupant allemand, confisqué par l'État tchèque après la guerre, le château de Vranov est aujourd'hui loué pour des mariages. Le maire du village s'y déplace même pour recevoir le consentement des époux. Qui rêvent en cheminant dans ce lacis de pièces somptueuses. La salle de réception (ci-dessus) présente de remarquables toiles marouflées, probablement d'origine française, réalisées en 1786. Elles reflètent la mode de l'époque, qui s'inspirait de la découverte de Pompéi et d'Herculanum. Autres beaux décors, la chambre à coucher de la princesse Maria-Anna Pignatelli (page 341, à gauche) aménagée avant 1730, et le salon Bleu (page 341, à droite) embelli de papiers peints bleutés et meublé Empire.

suffit pas à l'ego des comtes. Pour faire le pendant, Fischer von Erlach exécute alors un tombeau de famille sur l'avancée nord-ouest, logé dans la chapelle de la Trinité. Le château se modernise aussi. Survient, dans la descendance, la brillante Maria-Anna Pignatelli, issue d'une famille ducale espagnole, qui se fait mécène des arts et de la culture. Favorite de l'empereur Charles VI qui lui rendait visite depuis Vienne, elle s'adresse au fils de Fischer von Erlach pour enjoliver encore davantage Vranov. Toute l'intelligentsia de l'Empire va s'y retrouver au XVIIe siècle.

1793 : le nouveau propriétaire se nomme Josef Hilgartner de Lilienborn. Il est avocat impérial et va révolutionner la région et sa seigneurie, en libérant les serfs et en fondant la fabrique de céramique qui deviendra l'un des fleurons industriels de la région. La céramique et le château seront liés pendant longtemps. À vendre ! Des comtes polonais achètent. Ensuite, Vranov est acquis en 1900 par un ingénieur des eaux et forêts. Exproprié pendant l'occupation nazie, le domaine sera récupéré par l'État tchèque après la guerre. Depuis, des dizaines de milliers de curieux y sont venus chercher du rêve, en échange d'un modeste billet d'entrée. On reste sans voix en pénétrant dans la salle des Ancêtres tellement solennelle, on trouve des douceurs aux enfilades de salons, chambres et salles à manger remplies d'ambiance ouatée. La décoration est somptueuse dans le salon de séjour avec ces tissus représentant des décors de Pompéi. Pour compléter la promenade, un détour s'impose dans la salle de bains du XVIIIe siècle et le respirium, espace repos conçu après le bain. Il faut enfin faire un saut dans le salon oriental et le salon suisse pour s'abandonner aux paysages romantiques peints au XIXe siècle.

Entourée d'étangs, Telč fut le centre d'une vie mondaine animée par les seigneurs de Hradec qui firent édifier un château gothique dans la seconde moitié du XIVe siècle. Décidant en 1550 d'y installer son fief, Zachariáš de Hradec engagea un vaste train d'embellissements Renaissance. L'aspect actuel du château remonte à cette époque.

Programmer un séjour en République tchèque sans prévoir une halte de quelques jours à **Telč** serait comme visiter Prague sans emprunter le pont Charles... Incontournable. Un peu comme la ville de Český Krumlov, en Bohême du Sud. D'ailleurs, l'Unesco a classé ces deux sites. Depuis, la magnificence et la renommée des lieux ont dépassé les frontières. À Telč, plus qu'ailleurs, les hôtels et pensions ont (enfin) du charme, les bonnes tables ne font pas défaut, le dépaysement est total. On débouche avec ravissement sur la place centrale, qui n'a pas perdu une miette de son âme depuis sa reconstruction, après un terrible incendie en 1530. Les témoignages typiques de l'esprit Renaissance y subsistent, intacts, comme ces maisons à arcades et à pignons alignées comme à la parade. Un vrai festival de façades Renaissance ou baroques, de fresques et de sgraffites...

À la pointe sud-ouest de la Moravie, dans l'environnement vallonné des collines de Jihlava, on vient s'extasier de loin sur la ville de **Telč**. On oublie ses faubourgs un peu grisâtres pour se poser avec ravissement sur la place centrale, la place Zachariáš de Hradec. Un vrai décor de théâtre dressé au milieu d'étangs. Par dizaines, les maisons gothiques, Renaissance et baroques, dotées de frontons vénitiens ou de pignons étagés, reliées par des arcades, dessinent un triangle vraiment magique. À son extrémité, pointe le château, témoin de l'arrogant pouvoir des seigneurs de Hradec qui ont dompté la région. L'Histoire nous conte que c'est Jean de Luxembourg qui vend le bourg au seigneur Oldřich de Hradec en 1339. Après un incendie qui ravage la bourgade et le château fort en 1530, on reconstruit la ville dans le style à la mode, le style Renaissance. Zachariáš de Hradec prend le domaine en 1550, parcourt l'Italie une année plus tard et en revient enthousiasmé. Il s'entoure d'architectes venus de la péninsule pour concocter une résidence princière qui pourrait rivaliser avec celle du riche Andréa Doria, le seigneur de Gênes qu'il avait rencontré lors de son voyage. Zachariáš a les moyens. Outre la gestion de son domaine qui lui rapporte gros, il se marie en 1553 avec Katerina de Wallenstein dont les mines d'argent

constituent la dot. Ce qui autorise toutes les folies, toutes les envies. Zachariáš commande alors des intérieurs hors du commun. Et fait dessiner même la place de la ville dont la réfection durera vingt ans. On conserve les maisons gothiques et on boucle la place avec les édifices Renaissance. Le cadre du château ne changera plus au gré des propriétaires suivants, agencé autour de la partie médiévale, à savoir la cour d'honneur et l'armurerie. Des ailes ont été rajoutées ensuite et reliées par des passages couverts formant quatre cours intérieures et un jardin à l'italienne. Les plafonds à caissons sculptés en 1561 constituent sans doute les plus belles curiosités du château.

Dans la salle dorée, la plus vaste du château, trente caissons octogonaux montrent divinités et héros mythiques de l'Antiquité. Dans la salle des Chevaliers, on repère des motifs en losange liés à la chasse. On vient aussi à Telč pour les captivantes collections de faïence de Delft et de costumes historiques rassemblées dans les salons des Podstatský qui vécurent à Telč au XXe siècle. De nos jours, la ville a plus d'un tour dans son sac pour nous séduire avec ses hôtels et pensions bourrés de charme, son incomparable place et son château à visiter sans détour.

En haut : Dans la salle d'Or du château de Telč, on fait connaissance avec les seigneurs de Hradec grâce aux portraits exécutés en 1529 par Seisenegger : Adam Ier de Hradec et son épouse Anne, née de Rožmitál. Enchanté !
En bas et page 345 : Les salles Renaissance et leurs plafonds à caissons en bois sont les fleurons du château de Telč. Dans la salle Bleue, les caissons exhibent les allégories des quatre éléments représentés sous les traits de dieux romains.

Plusieurs circuits de visite du château de Telč sont proposés, tous passionnants. Une succession de splendeurs. La salle des Chevaliers, ou salle de marbre (ci-dessus), se distingue par une collection d'armes et d'armures. Exécuté en 1570, son plafond est constitué de motifs liés à la chasse, à la divinité grecque Artémis et aux prouesses d'Hercule. La salle du Trésor (page 347) est couverte d'élégants sgraffites en trompe-l'œil s'inspirant du travail des graveurs suisses et allemands.

ORIENTATION BIBLIOGRAPHIQUE

L. Pořízka, J. Pešek et Z. Hojda : *Les Palais de Prague* – Édition Mengès, 1994.
Casanova : *Histoire de ma vie* – Édition Robert Laffont, Collection Bouquins.
Karel Stejskal : *L'Empereur Charles IV* – Édition Artia et Gründ, 1980.

REMERCIEMENTS

À Monsieur Joël De Zorzi, ambassadeur de France, et son épouse Soraya De Zorzi.
Aux conservateurs (appelés *kasteláns*) des châteaux que nous avons photographiés, pour leur accueil et leur formidable travail de gestion.
Au docteur Jiří Kotalík, directeur général de l'Institut National des Monuments Historiques.

Renata Holzbachová et Philippe Bénet
à la fin du reportage au Théâtre National de Prague.